GOUGH   MARKET

BREAD
AHEAD
BAKERY

BOSTON SAUSAGE ★ BOSTON BURGER
SMALL £4   AWARD   SINGLE £5
LARGE £5   WINNING   DOUBLE £7

LINCOLNSHIRE
PORK, SAGE
Served with

© 2016 ZS Verlag GmbH
Kaiserstraße 14b
D-80801 München

ISBN 978-3-89883-522-0
1. Auflage 2016

Projektleitung	Ines Alms
Rezepte & Texte	Jutta Mennerich, Regina Carstensen (Reportagen)
Lektorat	Edelgard Prinz-Korte
Grafische Gestaltung	melville brand design (Lars Harmsen), Georg Feigl
Fotografie	Stefan Braun
Foodstyling	Jutta Mennerich
Herstellung	Peter Karg
Producing	Jan Russok
Druck & Bindung	optimal media, Röbel

Die ZS Verlag GmbH ist ein Unternehmen der Edel AG, Hamburg.
www.zsverlag.de | www.facebook.de/zs-verlag

JUTTA MENNERICH & STEFAN BRAUN

EAT ON THE STREET

80 REZEPTE AUS ALLER WELT

INHALT

MEAT BY THE ½ POUND

- BRISKET 13
- PULLED PORK 11
- LAMB BELLY 12
- PORK BELLY 14

★ RIBS ★

- BEEF RIB . . . 22/F
- SPARE RIBS . . 12 /HALF POUND
- JERK BABY BACKS
  HALF . . 15 - WHOLE . . 29

housemade
BEEF HOT LINK
SERVED WITH
BEER MUSTARD . . . 5 /QUARTER POUND

CHIPOTLE CHICKEN
8/QUARTER
14/HALF

BRISKET SANDWICH $11
- ONION ROLL, ONION, STICKY SAUCE, PICKLES
PULLED PORK SANDWICH $10
SESAME ROLL, COLE SLAW, CAROLINA-PEPPER SAUCE
LAMB BELLY BAHN MI $12
BAGUETTE, DAIKON PICKLES, CILANTRO, HOT SAUCE
$11

PORK BELLY TACOS
WITH SALSA VERDE, CILANTRO,
SOUR CREAM, PICKLED RED ONIONS
3 FOR $12

SIDES
SMALL 4 - MEDIUM 6 - LARGE 8

- TEXAS-STYLE QUESO MAC+CHEESE
- SMOKED PIT BEANS
  WITH BRISKET BURNT ENDS
- COLLARD GREENS
  WITH SMOKED PORK SHOULDER
- BACKYARD POTATO SALAD
- WHISKEY SOUR PICKLES
- HOMETOWN SLAW
- CORN BREAD . . $3/SLICE

DESSERT
- $6 EACH -

- STEVE'S AUTHENTIC
  KEY LIME PIE

- BANANA CREAM
  PUDDING

- ROBICELLI'S
  CHOCOLAE
  PUDDING PIE

Wenn jeder Bissen nach Fernweh schmeckt

Auf der Straße essen? Das klingt erst mal nicht nach einem kulinarischen Highlight. Auf meinen Reisen als Fotograf rund um die Welt habe ich diese Art, meinen Hunger zu stillen, aber sehr zu schätzen gelernt. Und nicht nur das: Mir haben sich immer wieder ungeahnte Genüsse offenbart. Für jemanden wie mich, der viel unterwegs ist, ist „Eat on the Street" die angenehmste Art, das Nützliche mit dem Authentischen zu verbinden. Wo bekommt man die (Ess-)Kultur und Landessitten besser mit als auf der Straße? Wie kommt man mit den Menschen am schnellsten ins Gespräch? Natürlich über das Thema Essen.

Straßenküchen, kleine Karren oder Gaskocher am Straßenrand, prägen das Bild der Städte in Asien. Thailand, Vietnam, Indien und auch China sind berühmt für ihre Garküchen: Viele Menschen verdienen damit ihren Lebensunterhalt, und Streetfood ist preiswert und meist frisch zubereitet. Damit kommen auch die Ärmeren zu einer bezahlbaren Mahlzeit.

Inzwischen hat sich Streetfood überall auf der Welt einen Platz gesucht und ist auch in Europa zu einem Trendthema geworden. New York aber, die Multikulti-Stadt und der Schmelztiegel der Nationen, vereint wohl am meisten die größte Vielfalt an Genüssen für zwischendurch. Wen wundert es, ist der Big Apple doch geprägt von seinen Einwanderern aus aller Herren Länder. Neben Burgern aller Art kann man sich mit Burritos, Empanadas, Arepas und Pupusas schon mal ein Stück Lateinamerika in den Mund schieben.

In Großbritannien ist der Fingerfood-Klassiker Fish 'n' Chips zwar immer noch allgegenwärtig, aber die Einflüsse der indischen und arabischen Küche finden sich auch im Streetfood wieder. In Deutschland haben die Foodtrucks in den letzten Jahren in den großen Städten den Currywurstbuden den Rang abgelaufen und sind fast schon Kult.

Nachdem ich zwei Jahre lang meine Eindrücke aus spannenden Städten aus aller Welt in Fotos festgehalten habe, kam mir die Idee, mit den passenden Rezepten daraus ein Buch zu machen. Mit der Foodstylistin und passionierten Köchin Jutta Mennerich habe ich dafür die beste Partnerin gefunden — sie perfektionierte die Rezepte zu meinen Bildern. Jetzt kann die Reise in die Welt der Genüsse bereits zu Hause am Herd beginnen.

Stefan Braun

NEW YORK

SCHLEMMERTOUR DURCH BIG APPLE

Internationale Weltstadt der Kulturen

Homemade muss sein:
Hier werden kulinarische Trends geboren

Futtern mit Ausblick auf die Skyline von Manhattan. Einen schöneren Ausblick kann man sich kaum vorstellen, jedenfalls nicht bei strahlendem Sonnenschein, das Wasser des East River schimmert silbern. Smorgasburg, eine Ansammlung von über hundert kreativen Köchen und ihren Ständen, liegt in Williamsburg, Brooklyn, zwischen der North 6th und der North 7th Street. „Smorgasburg" ist von dem schwedischen Wort „Smörgåsbord" abgeleitet, letztlich bedeutet es so etwas wie „eine Mischung aus verschiedenen Essen". Und das trifft es genau.

Woodstock-Feeling in Brooklyn

Wer Kapuzenpullover und Turnschuhe bevorzugt, gern Skateboards unterm Arm trägt oder einfach nur hip sein möchte, trifft sich auf diesem riesigen freien Platz, dem Brooklyn Flea, und sichert sich einen Platz auf einer der Holzpaletten, die überall als Sitzgelegenheiten herumstehen. Es ist eine der „größten urbanen Erfahrungen", wie die „New York Times" über die Gründungsszene von Street Food in Brooklyn schrieb. Da kann ich nur zustimmen, doch es ist eine begrenzte Erfahrung, einzig sonntags von elf Uhr vormittags bis abends um sechs. Immerhin aber schon seit acht Jahren. Auch eine weitere Beobachtung der „Times" ist nicht von der Hand zu weisen: Es ist das „Woodstock des Essens". Peace und Love muss man gar nicht erst propagieren, durch die vielen unterschiedlichen Köstlichkeiten in bester Qualität sehen die Menschen um mich herum nur glücklich aus. Was auch an der tollen Stimmung liegt. Es ist hier wie auf einem Basar, etwas, das man mit New York nicht unbedingt in Verbindung bringt.

Einzelne Straßenküchenmeister servieren ihre Speisen auf bunten afrikanischen Decken unter weißen, orientalisch anmutenden Zeltdächern: in Streifen geschnittenes Fleisch, mariniert in irgendetwas, das orangefarben ist. Nicht weit davon stehen Foodtrucks, in denen nahezu liebevoll Burger gebraten werden, belegt mit gegrillten Paprikascheiben, frischem Rucola und scharfen Peperoni. Und natürlich sind alle Saucen, Salsas und Mayonnaisen „homemade". Ich sehe asiatisches Essen, südamerikanisches, ebenso einen Schnitzelstand sowie einen mit der veganen Alternative zur gänseleberhaltigen Foie gras —

der Faux gras, einer Paté aus gerösteten Walnüssen, die man auf Crackern oder Baguette genießen kann. In den Foodtrucks gibt es Kühlschränke, ansonsten stehen viele große Kühltaschen unter den Tischen.

Die Köche und Köchinnen sind jung, viele sehen wie Studenten aus, tragen ungewöhnliche T-Shirts, haben wie Piraten schwarze Tücher um ihre Köpfe gebunden oder bevorzugen verrückte Vintage-Hüte. Was angeboten wird, steht auf hübsch gestalteten Schiefer- oder Holztafeln, viele mit kleinen Zeichnungen von ebenso glücklichen Tieren oder nicht minder glücklichen Kohlköpfen versehen. Auch jede Tüte, jede Pappschachtel ist gebrandet, mit eigenwilligen Motiven. Fast zu schade zum Wegwerfen.

Sonntäglicher Szenetreff auf Red Hook

Ich bestelle einen von Mayonnaise umhüllten Burger, der aussieht, als würde der Fleisch-klops einen weißen Hermelin-Pelzmantel tragen, garniert ist er mit diversen Pickles.

„Wie heißt du?", fragt mich der Koch auf Englisch.

„Stefan", gebe ich leicht verwirrt zurück. Will er, der mir wie ein Nerd vorkommt und nicht wie ein Chef de Cuisine, ein Gespräch anfangen? Oder hat er noch andere Pläne, die ich gerade nicht auf die Reihe bekomme?

Der Typ mit seiner großen schwarzen Brille und der blassen Haut lacht, er kennt wohl meine Reaktion von anderen Kunden.

„Alles okay", sagt er. „Ich rufe dich mit deinem Namen, wenn dein Burger fertig ist." Aha. Bei McDonald's hat noch keiner nach meinem Namen gefragt. Vielleicht sollten die das dort mal einführen, um einen persönlicheren Kontakt zu ihren Kunden herzustellen. Überhaupt geht es hier recht kommunikativ zu. Auf einer der Paletten komme ich mit weiteren Youngstern ins Gespräch. Sie erzählen mir, dass sie die East-River-Fähre genom-men haben, um hierherzugelangen. Jeden Sonntag würden sie das machen, die Leute seien hier so cool, das Essen einfach klasse. Es gibt sogar Leute in Manhattan, so erfahre ich, die extra einen Kurier losschicken, um hier Bestellungen aufzugeben. Später wollen die Jungs noch am Pier Baseball spielen. Ob ich nicht mitkommen will? Lieber nicht, winke ich freundlich ab. Ich möchte mich noch weiter umschauen. Smorgasburg ist nicht der einzige Food-Markt auf der Halbinsel Red Hook, die dem Stadtbezirk Brooklyn vorgelagert ist.

Das Ende der Langeweile

Bevor ich mich auf den Weg mache, denke ich darüber nach, wie langweilig doch früher das Essen war, das man auf New Yorks Straßen erstehen konnte, sei es für die Mittags-pause oder wenn einem die Speisen in den Lokalen zu teuer waren: schlappe Hot Dogs mit Einheitssenf und Einheitsketchup oder ziemlich salzige, wenn auch warme Pretzel. Die Verkäufer dieser kulinarischen Einfalt (nur die angebotenen Getränke bestechen durch Vielfalt) stehen noch immer an jeder Straßenecke mit ihren blitzblanken Ständen aus Aluminium, über alles gespannt ein leicht verwitterter Sonnenschirm. Keinesfalls will ich auf meinen traditionellen Hot Dog verzichten, aber man kann ihn nur in Maßen verdrücken. Immerhin kostet er nicht viel, oft nur einen Dollar, aber für drei Dollar bekommt man auf dem Brooklyn Flea doch einiges mehr geboten. Wer zehn, elf Dollar ausgeben will, erhält in einem stylishen Truck sogar kleine Gerichte, die beinahe mit einem Nobelrestaurant konkurrieren können.

Während ich mich erhebe, entdecke ich einen Stand, der nur Wein verkauft, daneben ist eine Brewery mit diversen Biersorten aus aller Welt. So friedlich wie die Flaschen da nebeneinanderstehen, ganz vereint, ganz gleich, ob sie aus Asien, Amerika, Europa oder Australien stammen, so bilden sie leider kein Sinnbild für den Globus. Vielleicht sollte man mehr „Woodstocks des Essens" installieren.

Lateinamerika in aller Munde

Überall in den Straßen im alten Hafenbereich sehe ich kleine Start-up-Unternehmen. Mehrere Tische stehen vor einem Restaurant, das im Inneren keines mehr ist, vielleicht aber eines Tages wieder eines werden wird — wenn Geld genug da ist, um die Räume entsprechend zu renovieren. Jetzt werden die Lokale dazu benutzt, Essen vorzubereiten, damit es draußen auf bunten Stühlen von Gästen verzehrt werden kann.

Schließlich lande ich im Red Hook Park, hier gibt es eine Reihe von Trucks und anderen mobilen Imbissen mit südamerikanischem Fingerfood. Die unvermeidlichen Plastikstühle stehen verstreut herum, auf einem von ihnen sitzt ein älterer Mann mit El-Salvador-Kappe und NY-T-Shirt und hält in beiden Händen eine Tortilla vom Truck El Olomega. In Salvador heißen diese Tortillas Pupusas. Sie sind gefüllt mit Shrimps, Käse, Hühnerfleisch, Bohnen und Loroco, einer Pflanze, die in keiner Pupusa fehlen darf.

Eine Frau steuert direkt auf mich zu, sie schiebt einen Rollator vor sich her, nur mit größerer Fläche, auf der blaue Eimer mit Saucen und Fleischeintöpfen stehen, die sie in kleine Plastikschalen füllt, will man denn davon essen. Nee, will ich lieber nicht. Es sieht nicht so besonders appetitlich aus. Aber eine Empanada mit Käse an einem anderen Stand, die lockt mich schon eher.

PHILLY CHEESESTEAK

2 Portionen   **15 Min.** Vorbereitung   **30 Min.** Garzeit

1930 ist es erfunden worden und mittlerweile Kult: Das Philadelphia Cheesesteak besteht aus mit Käse überbackenem, dünn geschnittenem Steak, wird in einem weichen Weizenbrötchen serviert und wahlweise mit Zwiebeln, Paprika, Champignons und Marinarasauce angeboten.

Extrem lecker und schnell gemacht – in Amerika ist die Begeisterung für diesen Klassiker der Steak-Sandwiches mit gutem Grund ungebrochen.

Bei der edleren Variante wird ein Filetsteak im Ganzen gegrillt, mit Käse überbacken und im Baguette mit Brunnenkresse und Sauce béarnaise angeboten.

Marinarasauce:

1 Zwiebel
1 Knoblauchzehe
1 Chilischote
1 Handvoll Kräuter
(z. B. Basilikum, Rosmarin,
Oregano, Thymian)
2 EL Olivenöl
Zucker
1 Dose Tomaten
(240 g Abtropfgewicht)
Salz, Pfeffer

Cheesesteaks:

1 weiße Zwiebel
6 Champignons
1 grüne Paprikaschote
2 EL Olivenöl
1 Knoblauchzehe
Salz, Pfeffer
2 Entrecôtes (je ca. 200 g)
4 Scheiben Provolone (oder
Mozzarella, Gouda)
2 Hot Dog Buns oder
Baguettebrötchen

ZUBEREITUNG

Für die Sauce die Zwiebel und den Knoblauch schälen und klein schneiden. Die Chilischote halbieren und klein hacken. Die Kräuter waschen, trocken schütteln und klein hacken. Das Olivenöl im Topf erhitzen, die Zwiebeln und den Knoblauch mit 1 Prise Zucker kurz karamellisieren. Wenn die Zwiebeln etwas Farbe angenommen haben, Chili, Tomaten und die Kräuter dazugeben und bei schwacher Hitze 20 Minuten köcheln lassen. Die Sauce salzen und mit dem Stabmixer nicht zu fein pürieren. Pfeffern und noch mal abschmecken.

Für die Cheesesteaks die Zwiebel schälen und in dünne Scheiben schneiden. Die Champignons putzen und vierteln. Die Paprikaschote putzen, entkernen, waschen und in kleine Würfel schneiden.
1 EL Olivenöl in einer Pfanne erhitzen und zuerst die Zwiebeln darin anbräunen, dann die Paprikawürfel dünsten und zum Schluss die Pilze dazugeben, ab und zu umrühren.
Den Knoblauch schälen, in sehr kleine Würfel schneiden, mit dem Messerrücken zerdrücken und zur Gemüsemischung geben. Salzen, pfeffern und warm halten.
Die Entrecôtes in dünne Scheiben schneiden und in einer heißen Pfanne etwa 2 Minuten im restlichen Olivenöl braten, salzen und pfeffern. Das Gemüse dazugeben. Käsescheiben halbieren und über die Mischung legen. Deckel auf die Pfanne legen, damit der Käse schmelzen kann.
Die Baguettebrötchen aufschneiden und aushöhlen. In die unteren Hälften die Steak-Gemüse-Käse-Mischung geben. Die Baguettedeckel innen mit je 2 EL Marinarasauce bestreichen, auf die unteren Hälften klappen und sofort verzehren. Übrig gebliebene Sauce kann als Pizzabelag verwendet oder tiefgefroren werden.

TODAY'S SPECIAL

Philly Cheesesteak

PROUDLY DESIGNED IN THE UNITED STATES NOW WITH AN ITALIAN TOUCH

DRY AGED CHUCK EYE
CHEESE
ONIONS
PEPPERS

£8.00

LAMB ROLL

4 Portionen   **45 Min.** Vorbereitung   **60 Min.** Garzeit

Auch in New York City wird auf artgerechte Haltung und die Aufzucht ohne Hormone und Antibiotika Wert gelegt. Es gibt einige Farmen rund um die Stadt, die sich auf Bio-Lämmer und deren Verarbeitung zu Wurst, Speck und mit Kirschholz geräucherten Schinken spezialisiert haben. Weidelamm heißt das Tier, bis es ein Jahr alt geworden ist – egal ob weiblich oder männlich – und nach der Milchaufzucht auf der Weide ist. Das Fleisch schmeckt umso würziger, je mehr sich das Alter der oberen Grenze nähert.

Besonders feines Fleisch haben auch die einheimischen Heidschnuckenlämmer aus der Lüneburger Heide. Gut für den Geschmack des Fleisches ist die Aufzucht auf Wiesen in Küstennähe, diese Deichlämmer nehmen das Meersalz über das Futter auf und heißen deshalb auch Salzwiesenlämmer.

Lamb Roll:

2 rote Zwiebeln
Salz
2 TL Weißweinessig
3 Möhren
2 EL Öl
2 TL brauner Zucker
1 TL Zitronensaft
2 Knoblauchzehen
1 daumengroßes Stück Ingwer
2 Tomaten
3 grüne Chilischoten
1 TL Korianderkörner
1 TL Tomatenmark
700 g Lammfleisch (aus der Keule ausgelöst)
Pfeffer
1 Msp. Zimtpulver
1 TL gem. Kreuzkümmel
4 Baguettebrötchen
100 g Fetakäse
je 2 Stiele Koriander oder Petersilie

ZUBEREITUNG

Die Zwiebeln schälen und in Ringe schneiden, salzen und mit Weißweinessig beträufeln. Beiseitestellen.

Die Möhren putzen, schälen und in längliche Stücke schneiden. Kurz in 1 EL Öl anbraten, 1 TL Zucker dazugeben und karamellisieren. Die Möhren mit 1 EL Wasser zugedeckt bissfest dämpfen (etwa 15 Minuten). Mit Zitronensaft und Salz abschmecken und beiseitestellen.

Den Knoblauch schälen und grob zerkleinern. Den Ingwer schälen und in dünne Scheiben schneiden. Die Tomaten waschen und in grobe Stücke schneiden. Die Chilischoten halbieren und entkernen.

Mit den Korianderkörnern, dem restlichen Zucker, Tomatenmark und 100 ml Wasser mit dem Stabmixer zu einer Paste mixen.

Das Fleisch in 3 cm große Würfel schneiden. In einem Topf 1 EL Öl erhitzen und das Fleisch darin portionsweise anbraten. Die Korianderpaste dazugeben und weiterbraten, zuletzt mit ½ l Wasser ablöschen und zugedeckt bei schwacher Hitze 1 Stunde köcheln lassen. Falls das Ragout zu trocken wird, etwas Wasser dazugießen und unterrühren.

Sobald das Fleisch weich ist und auseinanderfällt, mit Salz, Pfeffer, Zimt und Kreuzkümmel abschmecken. Die Brötchen halbieren. Jeweils 2 bis 3 EL Fleisch auf die untere Hälfte der Brötchen geben, mit den Möhren und Zwiebelringen belegen und den Fetakäse darüberbröckeln. Die Kräuter waschen, trocken schütteln und die Blätter klein schneiden. Die Kräuter daraufstreuen und die zweite Brötchenhälfte daraufsetzen.

LYNCHBURG LEMONADE
& WHITE SANGRIA

Je 6 Portionen   **5 Min./30 Min.** Vorbereitung   **2 Min./3 Std.** Zubereitung

Das Urrezept der berühmten Lynchburg Lemonade stammt aus der Zeit der Prohibition. Seitdem liegt Lynchburg, Tennessee, in einem Dry County — es darf heute noch kein Alkohol ausgeschenkt werden, obwohl dort die älteste Whiskey-Destillerie der Vereinigten Staaten steht. Es gab nie genügend Bewohner, um die nötige Stimmenzahl für die Aufhebung des Alhoholverbots zusammenzubringen. Und so wird nach einer Tour durch die Destillerie eine erfrischend alkoholfreie Limonade angeboten — im zuschraubbaren und deswegen gut schüttelbaren Pitcher. Ein Marmeladenglas mit Deckel tut's aber auch.

Wir haben uns, weil die Prohibition ja vorüber ist, für eine Variation mit Alkohol entschieden. Wer's lieber ohne mag, einfach Triple Sec und Whiskey weglassen und stattdessen Holunderblütensirup dazugeben. Für die Roof-Party an heißen Sommertagen ebenfalls angesagt: die erfrischende White Sangria.

Lynchburg Lemonade:

6 cl Whiskey
120 ml Triple Sec
(Orangenlikör)
6 EL Limettensaft
Eiswürfel oder Crushed ice
1 ½ l Zitronenlimonade
12 Limettenscheiben

White Sangria:

½ l weißer Traubensaft
½ l Weißwein
6 cl weißer Rum
6 cl Triple Sec
(Orangenlikör)
1 Bio-Limette
100 g helle kernlose
Weintrauben
2 Pfirsiche
1 Flasche Cava (span. Sekt)
Eiswürfel, Minzeblätter

ZUBEREITUNG

Für die Lynchburg Lemonade Whiskey, Triple Sec und Limettensaft auf sechs saubere Marmeladengläser verteilen, den Deckel fest zuschrauben und die Gläser kräftig schütteln. Dann zu einem Viertel mit Eiswürfeln oder Crushed ice füllen und den Shake mit Zitronenlimonade auffüllen. Mit Limettenscheiben dekorieren, Strohhalm dazu, cheers!

Für die White Sangria Traubensaft, Weißwein, Rum und Likör in einem großes Bowlengefäß mischen. Die Limette waschen und in dünne Scheiben schneiden. Die Weintrauben waschen, von den Stielen zupfen und halbieren. Die Pfirsiche schälen und in Würfel schneiden. Das Obst zur Bowle geben. Die Bowle zugedeckt mindestens 2 bis 3 Stunden in den Kühlschrank stellen und ziehen lassen.
Erst unmittelbar vor dem Servieren mit dem Sekt auffüllen und Eiswürfel hinzufügen. Falls die Mischung zu süß sein sollte, etwas Mineralwasser dazugeben. Mit Minzeblättern dekorieren.

LOBSTER ROLL

4 Portionen   **20 Min.** Zubereitung

Erstaunlicherweise wird Hummer in New York als Streetfood mit Butter oder Mayonnaise im Hot-Dog-Brötchen für 20 Dollar verkauft. Manchmal bekommt man auch ein Lobster Roll Sandwich mit Salat, einer mayonnaiseartigen Stangenselleriesauce und einem Maiskolben als Beilage.

Hummer gelten an der Ostküste zwar auch als Delikatesse, haben aber nicht den Luxus-Charakter wie in Europa. Kein Wunder, liegen die Fanggründe für Hummer doch im Golf von Maine, wo sogar einmal jährlich im Sommer ein Lobster-Festival veranstaltet wird. Der größte amerikanische Hummer, der dort jemals gefangen wurde, wog 20 kg und hat garantiert in kein Brötchen gepasst.

Lobster Roll:

2 vorgegarte Hummer
(je ca. 500 g)
2 Frühlingszwiebeln
4 EL Mayonnaise
Saft von ½ Limette
2 TL Ketchup
3 Spritzer Worcestershire-
sauce
Salz, Pfeffer
4 Baguettebrötchen

ZUBEREITUNG

Die gekochten Hummer von der Schale befreien, die Scheren mithilfe einer Zange aufknacken und das Fleisch mit einer langen dünnen Gabel oder mit einem Holzspieß herausziehen.

Die Frühlingszwiebeln putzen, waschen und klein schneiden. Mayonnaise, Limettensaft, Ketchup und Worcestershiresauce verrühren und mit Salz und Pfeffer abschmecken.

Das Hummerfleisch in mundgerechte Stücke schneiden und mit der Sauce vermischen.

Die Baguettebrötchen nicht ganz durchschneiden. Den Hummersalat in die Baguettebrötchen füllen und mit Frühlingszwiebeln dekorieren. Wer keine Frühlingszwiebeln mag, kann sie durch klein geschnittenen Stauden-sellerie ersetzen.

RED HOOK LOBSTER POUND

You're my lobster!

OBSTER ROLLS ... $16
MAINE STYLE - THE AUTHENTIC! w/ MAYO
CONNEC... w/... R
TUSCAN STYLE - w/ BASIL VINAIGRETTE (DAIRY-FREE!)
... $10
SWEET COLDWATER SHRIMP w/ TARRAGON MAYO

HOT DOG NY STYLE

4 Portionen   **10 Min.** Vorbereitung   **10 Min.** Garzeit

Der heute so berühmte NY Hot Dog ist das Must-have jedes Touristen, der den Big Apple besucht. Der deutsche Migrant Charles Feltman brachte den Hot Dog, wie wir ihn heute kennen, 1867 an den Start. Als Feltman 1856 in Brooklyn landete, war er zunächst Kuchenverkäufer. Dann hatte er die glorreiche Idee, eine Wurst in ein Brötchen zu packen. Er ließ sich einen Handkarren mit Herdplatte konstruieren, von dem aus er seine Würstchen verkaufte.

Beliebt sind sie heute mindestens genauso wie damals, es gibt auch ein traditionelles Hot-Dog-Wettessen, das seit 1916 jedes Jahr am 4. Juli, dem Independence Day, ausgetragen wird. Wer die meisten Hot Dogs in zehn Minuten essen kann, gewinnt – der Weltrekord liegt derzeit bei 69 Stück. Auch existieren im ganzen Land unzählige Variationen des klassischen Hot Dogs, zum Beispiel kann man in Texas den Texas Chili Dog essen, mit Chili, Speck und Bohnen gefüllt, oder den Corn Dog, für den das Würstchen im Maismehlteig frittiert wird. Ziemlich gesund dagegen kommt der California Dog mit Fenchel, Avocado, Rucola und Cocktailtomaten daher.

Unser Rezept entspricht einem klassischen New York Hot Dog, den man in den Straßen dort an fast jeder Ecke kaufen kann. Als Variante gibt es den Hot Dog auch mit Krautsalat, Tomatenstückchen, Senf-Mayonnaise und gegrillter Wurst (Foto).

Hot Dog:

4 weiche Weizenbrötchen (Hot-Dog-Brötchen)
4 Bockwürste oder Wiener Würstchen
400 g Sauerkraut
1 süßsaure Gewürzgurke
mittelscharfer Senf
(„Yellow Mustard")
Ketchup
100 g Röstzwiebeln

ZUBEREITUNG

Die Brötchen zur Hälfte aufschneiden und kurz unter dem Backofengrill rösten. In der Zwischenzeit die Würstchen in einem Topf mit Wasser erhitzen. Das Kraut ebenfalls erwärmen. Die Gurke in Scheiben schneiden.
Die Brötchen mit Senf und Ketchup füllen, erst ein wenig Kraut hineingeben, dann das Würstchen. Wieder etwas Kraut daraufgeben, mit Gurkenscheiben bedecken und mit Röstzwiebeln bestreuen.

PASTRAMI SANDWICH

2 Portionen   **10 Min.** Zubereitung

Pastrami ist eine gepökelte, geräucherte Rinderbrust, die für das Pastrami Sandwich, zart und saftig hauchdünn aufgeschnitten, in absurd großer Menge mit eingelegten Gurken und Senf zwischen zwei Roggenbrotscheiben gehäuft wird. Dieses Sandwich, das von jüdischen Einwanderern in Amerika eingeführt wurde, ist nicht nur koscher, sondern auch halal, nach islamischen Maßstäben erlaubt. Damit kann es bedenkenlos von allen, die gerne Fleisch essen, verzehrt werden, ohne irgendwelche Speisevorschriften zu verletzen.

Aber nicht nur die jüdischen Einwanderer haben das Essen in New York mit traditionellen Spezialitäten wie Bagel, Pastrami und Rahmkäse enorm geprägt. Im Laufe der Zeit kamen italienische und vor allem chinesische Einflüsse dazu, und so ist in New York, beeinflusst aus allen Teilen der Welt, eine unglaublich vielfältige Küche entstanden.

Pastrami Sandwich:

4 Scheiben Roggenbrot
2 TL scharfer Senf
einige eingelegte Gurken-
scheiben
500 g aufgeschnittenes
Pastrami

ZUBEREITUNG

Die Roggenbrotscheiben toasten. Jede Scheibe auf einer Seite mit Senf bestreichen und die Gurkenscheiben auf 2 Scheiben verteilen. Dann die Pastramischeiben kunstvoll etwa 5 cm hoch daraufschichten. Mit den restlichen Brotscheiben bedecken.
Wer will, packt noch Salatblätter und Emmentaler Käsescheiben dazu. Servietten sind hier von Vorteil.

RAMEN BURGER

2 Portionen   **40 Min.** Vorbereitung   **5 Min.** Garzeit

Seit über einem Jahr ist der Hype an der Ostküste ungebrochen: Hunderte New Yorker stellen sich nicht nur stundenlang in einer schier endlosen Schlange an, sie drücken dann auch noch saftige acht Dollar für den hippsten Burger der Stadt ab: den Ramen Burger. Das sind zwei mit Ei stabilisierte Buns aus Nudeln mit einem Rindfleisch- oder Garnelen-Patty in der Mitte. Klingt komisch, ist aber sehr lecker.

Ramen Buns:

200 g Ramen-Nudeln (oder Mie-Nudeln)
4 Eier
1 TL Fischsauce
Öl zum Einfetten
4 EL Sesamöl

Garnelen-Patty:

400 g Garnelen (ohne Kopf, geschält)
20 g Ingwer
15 g Weißbrotbrösel
1 Ei
abgeriebene Schale von
1 Bio-Limette
1 EL Fischsauce
1 kleine Zwiebel
2 Frühlingszwiebeln
½ Chilischote
Öl zum Braten
2 EL Mayonnaise
½ TL Misopaste
½ TL Wasabipaste
1 EL Sake (Reiswein)
einige grüne Salatblätter
2 Stiele Koriander

ZUBEREITUNG

Für die Ramen Buns die Ramen-Nudeln (japanisch: Mie) in 1 l kochendes Wasser geben, sofort den Topf vom Herd nehmen und die Nudeln 5 Minuten ziehen lassen, dabei öfter mit einer Gabel umrühren. Die Nudeln in ein Sieb abgießen und abkühlen lassen.
In einer Schüssel die Eier und die Fischsauce verrühren und mit den abgekühlten Nudeln vermischen.
Vier Servierringe (à 10 cm Durchmesser) innen mit Öl einfetten. Sesamöl in einer beschichteten Pfanne bei mittlerer Temperatur erhitzen. Die Servierringe in die Pfanne setzen und die Nudel-Ei-Masse darin verteilen. Die Nudelmasse fest in den Ring drücken und während des Bratens mit einem Glas beschweren. Nach 3 Minuten die Ringe mit den Nudeln vorsichtig wenden, Nudeln nach unten schieben und weitere 3 Minuten braten. Die Buns herausnehmen und beiseitelegen.

Für die Garnelen-Patties die Garnelen waschen und trocken tupfen. Die Hälfte der Garnelen sehr klein schneiden. Den Ingwer schälen und hauchdünn hobeln, in sehr kleine Würfel schneiden. Weißbrotbrösel, Ei, Limettenschale und Fischsauce mit Ingwer zu den klein geschnittenen Garnelen geben und gründlich vermischen.
Die Zwiebel schälen, die Frühlingszwiebeln putzen und waschen. Die Chilischote so klein wie möglich würfeln. Zu der Garnelenpaste geben und unterrühren. die Masse mithilfe der Servierringe zu Patties formen. Die Patties in wenig Öl bei mittlerer Hitze etwa 5 Minuten auf jeder Seite braten. Die ganzen Garnelen ebenfalls kurz braten.
Die Mayonnaise mit Miso- und Wasabipaste sowie Sake zu einer glatten Creme rühren. Die Salatblätter waschen und trocken tupfen.
Je 1 Ramen Bun mit Wasabimayonnaise bestreichen, mit Salatblättern belegen, Garnelen-Patty und ganze Garnelen daraufgeben und mit 1 Stiel Koriander belegen. Mit je 1 Nudel-Bun bedecken. Die Ramen Burger sofort genießen.

PULLED PORK BURGER

8 Portionen   **15 Min.** Vorbereitung   **10 ½ Std.** Garzeit

Pulled Pork ist ein Paradebeispiel für die Low- and Slow-Garmethode, und das bringt es mit sich, dass das Fleisch so zart ist, dass eine Gabel ausreicht, um es zu zerteilen.

Eine marinierte Schweineschulter wird bei niedriger konstanter Temperatur über viele Stunden gegart, vorzugsweise im Smoker. Pulled Pork kann man auch ohne Smoker im Backofen herstellen, das fehlende Raucharoma wird einfach durch geräuchertes Paprikapulver ersetzt. Dazu passen eine kräftige BBQ-Sauce und die amerikanische Antwort auf unseren Krautsalat: Coleslaw.

Pulled Pork:

2 kg Schweineschulter
2 Knoblauchzehen
1 TL Pimentpulver
1 TL Fenchelsamen
1 TL Korianderkörner
1 TL Senfkörner
2 TL Meersalz
1 TL schwarze Pfeffer-
körner
1 TL Rosenpaprikapulver
1 TL Pimentón de la Vera
(geräuchertes Paprika-
pulver)
abgeriebene Schale von
1 Bio-Zitrone
½ l BBQ-Sauce
2 cl Whiskey
1 TL Honig
8 Buns oder Brötchen

Coleslaw:

1 kg Weißkohl
2 Möhren
1 kleine Zwiebel
100 g Magerjoghurt
6 EL Mayonnaise
3 EL Weißweinessig
Salz, Pfeffer, Zucker

ZUBEREITUNG

Für das Pulled Pork am Vortag die Hautseite der Schweineschulter mit einem scharfen Messer rautenförmig einritzen. Den Knoblauch schälen. Piment, Fenchelsamen, Koriander- und Senfkörner, das Salz sowie den Pfeffer im Mörser fein mahlen. Mit Rosenpaprika, Pimentón de la Vera, Zitronenschale und durchgepresstem Knoblauch vermischen. Die Schweineschulter rundherum damit einmassieren, fest in Frischhaltefolie wickeln und 24 Stunden im Kühlschrank marinieren.

Am nächsten Tag ein Fleischthermometer in das Fleisch setzen. Die Schweineschulter bei 100 °C Ober- und Unterhitze auf ein Gitter in den Backofen legen (bei Umluft gegart würde das Fleisch austrocknen). Für den Fleischsaft eine Auffangschale darunterschieben.

Die Schweineschulter immer wieder mit dem austretenden Saft bestreichen. Wer möchte, kann auch etwas Bier angießen. Nach ungefähr 10 Stunden ist das Pulled Pork fertig, dann sollte die Kerntemperatur von 88 °C erreicht sein. Das Fleisch mit zwei Gabeln zerteilen.

In der Zwischenzeit **für den Coleslaw** den Kohl halbieren und den Strunk entfernen. Die Möhren und die Zwiebel schälen. Kohl, Möhren und Zwiebel mit einem Küchenhobel in dünne Streifen hobeln.

Aus Joghurt, Mayonnaise, Essig, Salz, Pfeffer und 1 Prise Zucker ein Dressing rühren, über das geraspelte Gemüse gießen und mit beiden Händen kräftig durchkneten. Den Krautsalat im Kühlschrank 2 bis 3 Stunden ziehen lassen, dabei immer wieder umrühren, zum Schluss noch einmal abschmecken.

Die BBQ-Sauce mit Whiskey und Honig vermischen. Die Buns oder Brötchen im Backofen bei 120 °C erwärmen, halbieren und die untere Hälfte mit Coleslaw füllen. Eine große Portion Pulled Pork daraufgeben und mit der BBQ-Sauce begießen. Brötchendeckel daraufsetzen.

COCADAS & KEY LIME PIE

10/12 Stücke   **10 Min./15 Min.** Vorbereitung   **25 Min./5 Std.** Zubereitung

Cocadas sind südamerikanische Süßigkeiten aus frischen Kokosnussraspeln. Die Bällchen werden im Ofen gebacken und bei Zimmertemperatur genossen – dann sind sie weich und schmecken am besten. Es gibt sie mit gehackten oder ganzen Mandeln verziert, eingefärbt, zu Würfeln geformt, frittiert, zur Hälfte in Schokolade getaucht, mit Ei oder ohne, hart und sehr süß, nicht so süß und fast puddingartig, schwarz mit Rohrzucker, mit getrockneten Früchten etc., etc.

Niemand, der auf den Florida Keys seinen Urlaub verbringt, kommt um den Genuss des Nationalkuchens herum: Key Lime Pie – süß und sauer gleichzeitig, hergestellt aus den kleinen, sehr aromatischen Limetten, die nur dort wachsen und natürlich die besten aller Limetten sind. Er wird in unzähligen Variationen angeboten, mit Sahne, mit Baiser oder plain, in jedem Fall ein wunderbarer Kuchen mit einem simplen Rezept, das auch noch dem ungeübtesten Koch gelingt, weil man dafür noch nicht mal einen Ofen braucht.

Sowohl für die Herstellung der Cocadas als auch für den Key Lime Pie ist es nötig, die spezielle eingedickte, gezuckerte Kondensmilch aus der Dose zu verwenden. Mit normaler Kondensmilch funktionieren die Rezepte nicht.

Cocadas:

400 g Kokosraspel
100 g gehackte Mandeln
200 g gezuckerte Kondensmilch (z. B. aus dem Asialaden oder Internet)
1 TL Speisestärke

Key Lime Pie:

200 g Vollkorn-Butterkekse
150 g zimmerwarme Butter
5 Bio-Limetten
4 sehr frische Eigelb
400 g gezuckerte Kondensmilch (z. B. aus dem Asialaden oder Internet)
200 g Sahne
1 TL Vanillezucker

ZUBEREITUNG

Für die Cocadas alle Zutaten in eine Schüssel geben und gut verrühren. Ein Backblech mit Backpapier auslegen. Den Backofen auf 180 °C vorheizen. Aus der Kokosmasse mit angefeuchteten Händen Kugeln rollen. Mit etwas Abstand nebeneinander auf das Backblech setzen und im Ofen bei 20 bis 25 Minuten backen. Die Cocadas sollen außen knusprig braun und innen noch weich sein.

Für den Key Lime Pie die Kekse zerkrümeln und mit der weichen Butter verkneten. Eine Springform (25 cm Durchmesser) damit füllen und die Masse fest mit einem Löffel andrücken, sodass ein Rand entsteht.
Die Schale von 2 Limetten in eine Schüssel abreiben. Alle Limetten auspressen und zur Limettenschale geben. Die Eigelbe und die Kondensmilch dazugeben und alles miteinander verrühren.
Die Mischung auf die angedrückten Kekskrümel gießen. Die Sahne mit Vanillezucker vermischen und steif schlagen. In einen Spritzbeutel füllen und den Kuchenrand damit verzieren.
Den Key Lime Pie 5 Stunden in den Kühlschrank stellen, dabei wird er so fest, dass man ihn schneiden kann. Den Pie nach dem Anschneiden wieder in den Kühlschrank stellen, sonst wird er zu weich.

BAKED SWEET POTATOES & ELOTES

Je 2 Portionen   **15 Min./5 Min.** Vorbereitung   **je 20 Min.** Garzeit

Es war Christoph Kolumbus, der die Süßkartoffel wie die Kartoffel, mit der sie aber nicht verwandt ist, von Südamerika nach Europa brachte. Die Batate – wie sie auch heißt – gedeiht am besten in den wärmeren Gegenden der Erde; in Europa wird sie zum Beispiel in Italien, Spanien und Portugal angebaut. Gebackene Süßkartoffeln gehören mit Truthahn zum traditionellen Dinner an Thanksgiving, der für die Amerikaner einer der wichtigsten Feiertage ist.

Elotes sind typisches Streetfood in Mexiko. Die Maiskolben werden als Snack aus der Hand gegessen – vergleichbar mit dem amerikanischen Hot Dog oder unserer Currywurst. Sie eignen sich auch als Beilage zu anderen Gerichten oder zum Grillen.

Baked Potatoes:

500 g Süßkartoffeln
1–2 EL Olivenöl
2 Zweige Rosmarin
2 Knoblauchzehen
1 TL Fleur de Sel
Pfeffer
200 g Crème fraîche
1 Bio-Zitrone

Elotes:

1 EL Zucker
1 TL Salz
2 Zuckermaiskolben
2 EL Mayonnaise (ersatz-
weise Crème fraîche)
50 g geriebener Parmesan
Chilipulver
2 Limettenspalten

ZUBEREITUNG

Für die Baked Sweet Potatoes den Backofen auf 180 °C vorheizen. Die Süßkartoffeln schälen, waschen, trocken tupfen und in gleich große Spalten schneiden. Auf einem Backblech verteilen und mit Olivenöl beträufeln. Den Rosmarin waschen, trocken schütteln und die Nadeln grob hacken. Den Knoblauch schälen. Rosmarin und durchgepressten Knoblauch über die Kartoffeln geben und mit Meersalz und frisch gemahlenem Pfeffer würzen. Die Kartoffeln im Ofen etwa 20 Minuten leicht braun backen.
Dazu einen Dip servieren: Crème fraîche mit abgeriebener Zitronenschale und 1 TL Zitronensaft vermischen. Mit Salz würzen.

Für die Maiskolben in einem großen Topf reichlich Wasser mit dem Zucker und Salz aufkochen. Die Maiskolben darin 20 Minuten garen. Herausnehmen, auf Küchenpapier abtropfen lassen und kurz grillen oder in der Pfanne mit etwas Sonnenblumenöl braten. Die Maiskolben mit je 1 EL Mayonnaise oder Crème fraîche bestreichen und mit dem sehr fein geriebenen Parmesan und etwas Chilipulver bestreuen. Den Saft von je 1 Limettenspalte über die Maiskolben träufeln und diese vor dem Verzehr etwas abkühlen lassen.

AREPAS & PUPUSAS

Je 4 Portionen   20 Min./25 Min. Vorbereitung   10 Min./5 Min. Garzeit

Arepas sind kolumbianische Maisfladen, die in der Pfanne gebacken werden. Es gibt sie fast überall in Südamerika, in jedem Land aber anders: Die Einwohner Bogotas essen diesen Brotersatz aus weißem Maismehl gerne nur mit Salz und Butter, aber auch mit Eiern. Raffinierter schmecken sie mit Guacamole oder aufgeschnitten und wie ein Sandwich gefüllt.

Auf dem Red-Hook-Sportplatz in Brooklyn gibt es die besten Arepas von New York, traditionell mit Fleisch, Gemüse und Salsa, als Superfood-Variante auch mit Quinoa und Sesamsamen.

Im Gegensatz zu den Arepas ist bei den Pupusas die Füllung schon immer mit eingebacken. Es ist das Nationalgericht von El Salvador, aber auch in anderen Ländern Mittelamerikas verbreitet. Die Füllung besteht meist aus Bohnenmus und Käse. Fisch, Huhn, Wurst oder Schweineschwarte sind ebenso beliebt. Dazu gibt's meistens Krautsalat und eine scharfe rote Salsa.

Arepas:

400 g weißes Maismehl
(z. B. „P.A.N.", kein
Polentamehl verwenden)
3 EL zimmerwarme Butter
1 Ei
Salz
150 g Käse (z. B. Feta)
Margarine zum Braten

Pupusas:

250 g Maismehl
200 g Frischkäse
100 g Speckwürfel
Öl zum Frittieren
250 g Krautsalat (siehe
Seite 28)
200 g Tomatensalsa (siehe
Seite 38)

ZUBEREITUNG

Für die Arepas das Maismehl, 150 ml Wasser, Butter, Ei und 1 Prise Salz gründlich verrühren. Falls nötig, noch etwas Wasser oder Mehl hinzufügen, sodass ein geschmeidiger Teig entsteht. Den Teig 5 Minuten ruhen lassen. Anschließend Bällchen daraus formen, in die Mitte ein Loch drücken und jeweils etwas Käse hineingeben. Den Teig darüber verschließen und die Bällchen flach drücken.

Etwas Margarine in einer Pfanne erhitzen und die Arepas darin auf jeder Seite 5 Minuten goldbraun braten.

Wenn man dickere Arepas macht, kann man sie durchschneiden und in der Mitte wie ein Sandwich füllen. Zu Arepas schmecken die unterschiedlichsten Saucen oder Dips wie Guacamole, sie passen aber auch prima als Beilage zu allen deftigen Gerichten.

Für die Pupusas das Maismehl und 150 ml warmes Wasser in einer großen Schüssel mischen und miteinander verkneten. Falls nötig, noch etwas Wasser dazugeben, sodass ein geschmeidiger Teig entsteht. Den Teig in Frischhaltefolie wickeln und etwa 10 Minuten ruhen lassen.

Anschließend den Teig zu einer Rolle formen und in 8 Stücke teilen. Jedes Stück zu einer Kugel formen. Mit dem Daumen jeweils eine Mulde in die Mitte drücken. Frischkäse und Speck miteinander verrühren. In jede Kugel etwa 1 EL Füllung geben. Den Teig über der Öffnung verschließen und glatt streichen. Vorsichtig zu Fladen formen.

Die Pupusas im heißen Öl kurz goldgelb frittieren und auf Küchenpapier abtropfen lassen. Dazu passen Krautsalat und Salsa.

EMPANADAS

4 Portionen   **3 Std.** Vorbereitung   **20 Min.** Garzeit

Empanadas, gefüllte Teigtaschen aus Mittel- und Südamerika, werden dort an jeder Straßenecke angeboten. Je nach Land sind die Füllungen unterschiedlich: Es gibt sie süß oder herzhaft oder mit einer Mischung aus beidem, wie hier mit Rosinen und Hackfleisch.

Der Teig wird aus Maismehl zubereitet, was ihm eine schöne goldene Farbe verleiht. Empanadas sind kleine Mahlzeiten für unterwegs oder in Bolivien gar ein ganzes Frühstück, dort sind sie mit Fleischragout gefüllt und heißen Salteñas.

Empanadas:

- 250 g Maismehl
- 250 g Weizenmehl
- 100 g weiche Butter
- 2–3 EL Olivenöl
- Salz
- 1 TL Zucker
- 4 Eier
- 1–2 EL Milch
- 1 weiße Zwiebel
- 1 rote Paprikaschote
- 2 Jalapeños
- 250 g Rinderhackfleisch
- Pfeffer
- 1 Msp. gem. Kreuzkümmel
- 1 TL Paprikapulver (edelsüß)
- 1 TL Chilipulver
- 5 Tomaten
- 100 g grüne Oliven
- 50 g Rosinen
- 1–2 Limetten

ZUBEREITUNG

Für den Teig beide Mehlsorten in eine große Schüssel geben und eine kleine Mulde in die Mitte drücken. Butter, 1 EL Olivenöl, 1 EL Salz, Zucker, 1 Ei und die Milch in die Mulde geben. Die Zutaten mit den Händen oder im Küchenmixer langsam verkneten und nach und nach 150 ml lauwarmes Wasser dazugeben. Der Teig sollte geschmeidig und nicht zu feucht sein. Den Teig in Frischhaltefolie wickeln und 2 bis 3 Stunden im Kühlschrank ruhen lassen.

Für die Füllung 2 Eier hart kochen. Die Zwiebel schälen und klein schneiden. Die Paprikaschote und die Jalapeños putzen, waschen und in Würfel schneiden. Das restliche Olivenöl in einer Pfanne erhitzen und Zwiebeln, Paprika und Jalapeños darin mit dem Hackfleisch scharf anbraten. Mit Salz, Pfeffer, Kreuzkümmel, Paprika- und etwas Chilipulver würzen. Die Tomaten, waschen, klein schneiden und dazugeben. Das Hackfleisch abkühlen lassen.

In der Zwischenzeit die gekochten Eier pellen und klein schneiden. Mit den Oliven und den Rosinen unter die Hackfüllung rühren.

Den Teig auf einer bemehlten Arbeitsfläche ausrollen und 4 flache Kreise mit einem Durchmesser von 20 cm ausstechen.

Das restliche Ei trennen. Das Eiweiß mit einer Gabel verquirlen. Die Ränder der Teigkreise mit dem Eiweiß bestreichen. Die Füllung jeweils auf eine Hälfte der Teigkreise geben und die andere Hälfte darüberklappen. Die Ränder mit einer Gabel zusammendrücken. Die Empanadas mit Eigelb bestreichen, damit sie beim Backen eine goldene Farbe bekommen. Den Backofen auf 200 °C vorheizen. Die Teigtäschchen vorsichtig auf ein Backblech mit Backpapier legen und im Ofen 15 bis 20 Minuten goldbraun backen. Die heißen Empanadas mit jeweils 1 Limettenviertel zum Beträufeln servieren.

FISH TACOS

4 Portionen   **30 Min.** Vorbereitung   **5 Min.** Garzeit

In Mexiko sind ein Stapel frische, warme Tortillas Bestandteil jeder Mahlzeit, so ähnlich wie bei uns das Brot. Alles, was sich auf dem Tisch befindet, kann man darin einwickeln. Mit einer scharfen Salsa und einer Handvoll Salat wird daraus ein Taco. So kann man das auch mit Fisch machen, wir haben hier Kabeljaufilet verwendet, jede andere Sorte geht natürlich ebenso (und harte Tacoschalen sind in Mexiko zwar nicht üblich, aber auf New Yorks Straßen nichtsdestotrotz beliebt). Für gute Tacos muss der New Yorker heute zum Glück nicht mehr nach Mexiko reisen, zahlreiche Einwanderer haben ihre besten Rezepte mitgebracht.

Fish Tacos:

500 g Fischfilet (z. B. Kabeljau- oder Rotbarschfilet)

1–2 Limetten

1 Knoblauchzehe

Chilipulver

¼ TL gem. Kreuzkümmel

½ kleiner Kopf Weißkohl (oder Rotkohl)

½ rote Zwiebel

½ Bund Koriander

1 Avocado

2 EL Öl (z. B. Sonnenblumenöl)

Meersalz, Pfeffer

6–8 weiche Weizentortillas oder Tacoschalen

Tomatensalsa (siehe Seite 38)

ZUBEREITUNG

Das Fischfilet waschen, trocken tupfen und in mundgerechte Stücke schneiden. Mit dem Saft von ½ Limette beträufeln. Den Knoblauch schälen, klein schneiden und dazugeben. 1 Prise Chilipulver und den Kreuzkümmel darüberstreuen und alles vermischen. Den Fisch zugedeckt 15 Minuten in den Kühlschrank stellen.

Den Kohl putzen, den Strunk herausschneiden und den Kohl in dünne Scheiben schneiden oder hobeln. Die Zwiebel schälen und in Ringe schneiden. Den Koriander waschen, trocken schütteln und die Blätter klein schneiden. Die Avocado schälen, entsteinen, vierteln und in Scheiben schneiden. Kohl, Zwiebeln, Koriander und Avocado in einer Schüssel mit dem Saft von ½ Limette beträufeln. Dann 1 TL Öl untermischen, mit Meersalz und frisch gemahlenem Pfeffer würzen.

In der Zwischenzeit den Backofen auf 180 °C vorheizen und die Tortillas oder Tacos 5 Minuten im Ofen erwärmen. In einer Pfanne das restliche Öl erhitzen, das abgetropfte Fischfilet hineingeben und bei mittlerer Hitze etwa 5 Minuten braten.

Den Kohlsalat nochmals abschmecken, nachdem er etwas durchgezogen ist. Den Salat auf den warmen Tortillas oder Tacos verteilen und die gebratenen Fischfilets daraufsetzen. 1 bis 2 EL Tomatensalsa darübergeben. Die weichen Tortillas nach Belieben zusammenrollen.

BURRITOS CON POLLO

4 Portionen   **40 Min.** Vorbereitung (plus Einweichzeit)   **2 Std.** Garzeit

Der Burrito ist der neue Burger der deutschen Foodies, erkennbar an den wie Pilze aus den deutschen Großstadtböden sprießenden Burritoläden. Der Inhalt der gerollten und gefalteten Tortilla-Wurst ist ähnlich: Salat, Fleisch und Käse. Der Burrito bringt in der Regel auch noch Reis, Bohnen, Mais, Sour Cream und Guacamole mit.

Der Einfachheit halber kann man die einzelnen Zutaten in Schüsseln auf den Tisch stellen, und jeder rollt sich seinen own style Burrito selbst zusammen.

Burritos:

200 g getrocknete Pinto-
oder Kidneybohnen
2 kleine Zwiebeln
3 Knoblauchzehen
4–5 EL Olivenöl
100 g Speckwürfel
1 TL gem. Kreuzkümmel
½ TL getrockneter Oregano
Salz, Pfeffer
8 Tomaten
1 Zitrone
2 Stiele Koriander
1 Chilischote
Zucker
2 Avocados
Saft von 1 Limette
Chilipulver
100 g Basmatireis
400 g Hähnchenbrustfilet
½ Römersalat
1 Dose Maiskörner
(ca. 285 g Abtropfgewicht)
4 Weizentortillas
80 g geriebener Käse
(z. B. Cheddar oder Gouda)
4 EL saure Sahne

ZUBEREITUNG

Die Bohnen waschen und über Nacht in Wasser einweichen. Am nächsten Tag 1 Zwiebel und 1 Knoblauchzehe schälen und würfeln. 1 TL Olivenöl in einem Topf erhitzen, den Speck darin anbraten. Zwiebel, Knoblauch, Kreuzkümmel und Oregano mitbraten. Die Bohnen dazugeben. Mit Wasser bedecken und bei mittlerer Hitze 2 Stunden köcheln lassen (die Bohnen müssen immer mit Wasser bedeckt sein). Entstehenden Schaum abschöpfen und ab und zu umrühren. Bohnen mit Salz und Pfeffer würzen und in eine Schüssel geben. (Wer sich die lange Einweich- und Garzeit sparen will, nimmt 400 g Kidney- oder Pintobohnen aus der Dose. Die Bohnen nur zur Speck-Zwiebel-Mischung in die Pfanne geben und erhitzen.)

In der Zwischenzeit **für die Tomatensalsa** die Tomaten waschen und in Würfel schneiden. Die restliche Zwiebel und 1 Knoblauchzehe schälen und klein hacken. Zitrone auspressen. Koriander waschen und trocken schütteln, die Blätter klein hacken. Chilischote putzen und in Ringe schneiden. Alles vermischen, 3 EL Olivenöl dazugeben und mit Salz, Pfeffer und Zucker abschmecken.

Für die Guacamole die Avocados halbieren, entkernen, das Fruchtfleisch auslösen und grob zerdrücken. Mit Limettensaft beträufeln. Die übrige Knoblauchzehe schälen und klein hacken, unter die Avocado rühren. Mit Salz, Pfeffer und Chilipulver würzen.

Den Reis nach Packungsanweisung in Salzwasser garen. Das Hähnchenbrustfilet waschen, trocken tupfen und in Streifen schneiden. Mit Salz und Pfeffer würzen. Im restlichen Olivenöl in einer Pfanne braten. Salatblätter ablösen, waschen und trocken schleudern. Blätter in feine Streifen schneiden. Den Mais abtropfen lassen.

Die Tortillas nach Packungsanweisung im Ofen erwärmen. Jede Tortilla mit Bohnen, Reis, Tomatensalsa, Guacamole, Salat, Hähnchenfleisch, Mais und Käse belegen. Je 1 EL saure Sahne daraufgeben. Die Tortillas zusammenklappen und die Seiten zur Mitte hin einschlagen.

LONDON

MITTAGSPAUSEN MIT KULTUR

Multikulti auf Londons Straßen

Von Japan bis in den Libanon — die britische Hauptstadt blickt über den Tellerrand

Um in London Streetfood zu essen, muss man nicht erst über den East River wie in New York, in London finden sich die Straßenköche ganz zentral beim Zubereiten köstlicher Kleinigkeiten, mitten unter den Menschen.

„Selbst wenn du die neu entstandenen Geschäftsviertel aufsuchst, findest du einen Platz zwischen den Wolkenkratzern, der mittags immer voller Stände ist." Die mir das sagt, ist eine Freundin, sie muss es wissen, drei Jahre hat sie in Großbritanniens größter Metropole gelebt. Schon allein aus diesem Grund muss ich das nachprüfen. Sie hat so begeistert von dem Essen erzählt, dass ich mir das jetzt unbedingt mit eigenen Augen ansehen muss.

Koloniale Einflüsse und Wasserpfeifen mit Cola-Geschmack

Und sie hat noch mehr Interessantes zu berichten: „Vergiss Fish and Chips. Die klassische Geschichte gibt es zwar weiterhin, auch wesentlich raffinierter mit Chili und so, doch viel spannender sind die Sachen, bei denen du den einstigen kolonialen Einfluss spürst, also indisch und arabisch. Die grillen dir dort Sandwiches, danach wirst du nie wieder einen öden Schinken-Käse-Toast angucken. Berlin hat da nichts Neues erfunden, die haben alles den Londonern abgeguckt."

„Und wo soll ich außer den Businesszentren noch hingehen?", frage ich nach.

Die Antwort kommt prompt: „Die Edgeware Road im Nordwesten von London. Da wohnen viele Araber, da gibt es viele Straßenlokale, in denen die Menschen essen, Karten spielen, Tee trinken oder eine Shisha rauchen."

„O je, die Wasserpfeifen mit dem süßlichen Tabak. Hab irgendwo gelesen, dass es neuerdings eine Sorte mit Cola-Note gibt. Wer lässt sich bloß so etwas einfallen? Minze kann ich ja grad noch nachvollziehen …"

„Aber die Edgeware Road ist noch nicht alles." Meine Freundin ist gründlich, das gefällt mir an ihr. „Du musst dir unbedingt noch den Borough Market ansehen."

„Ist das nicht eher ein Lebensmittelmarkt? Kriegt man da auch etwas zu essen? Ich war da schon mal, kann mich an Streetfood jedoch nicht erinnern."

„Schau einfach." Das tue ich dann auch. Genau in der Reihenfolge, die mir meine Freundin aufgetischt hat, ich kann ebenfalls gründlich sein.

43

Schnitzwerke in Muscheln

Die High-Tech-Businesszentren aus Glas und Stahl wirken von der Ferne leicht abweisend, doch sobald man sich ihnen nähert, insbesondere jenen an der Themse, öffnen sich die Schluchten wie bei einem überraschenden Bühnenspektakel zu Oasen mit Treppen, Bäumen und hübschen Beeten. Natürlich habe ich mir die Mittagszeit ausgesucht, um zu sehen, wie der Londoner diese verbringt. Da die Sonne vom Hochsommerhimmel knallt, belagern Frauen und Männer in leichter Kleidung die zum Fluss gebauten Treppenstufen, allein oder in Gruppen greifen sie mit Händen, Plastikgabeln oder Stäbchen in Tüten und Schalen, gefüllt mit frittierten Shrimps, mit Nudeln und Gemüse oder Sushi, die so gar nicht wie übliche Sushi aussehen, eher wie kleine Kunstwerke aus Lachs oder japanischem Rettich, als hätte man stundenlang daran geschnitzt. Einige Kreationen liegen in Muscheln, die man offensichtlich mitessen kann, denn sie werden Stück für Stück abgebissen, bis nichts mehr übrig bleibt. Das nenne ich mal nachhaltig.

Die Anbieter dieser Köstlichkeiten stehen gleich um die Ecke, dort haben sie ihre jeweiligen Stände aufgebaut, jeder kann sich nehmen, was er möchte, nichts liegt hinter einer Glasscheibe. Schon mal darauf geachtet? Bei uns befindet sich alles hinter Glasscheiben, kein Sandwich ist mehr frei zugänglich. Die offene Präsentation ist bei uns einfach undenkbar.

Barbecue in der Portobello Road

Auf einem Platz in der Nähe der berühmten Portobello Road im Stadtteil Notting Hill sind für die Lunch-Hungrigen feste Bänke und Tische installiert. Um einzelne mobile Küchen wurden auch Tische aufgebaut, um die sich sechs bis acht Leute gruppieren, wobei die Sitze eher gepolsterte Sessel sind, damit die teure Anzughose oder das Boutiquekleid sich auch wohlfühlt. Überall sehe ich Grills – Barbecue muss offensichtlich nicht immer nur im Grünen stattfinden und nicht nur in der Freizeit. Gegrilltes Gemüse oder ein Lammsteak schmeckt auch, wenn man später Börsenkurse überfliegen oder per E-Mail nachfragen muss, ob die neuen Telefonanlagen in Mumbai angekommen sind. „Making lunchtime better" – eindeutig steht London unter diesem Mittagsmotto.

To go or not to go

In der Abenddämmerung mache mich auf in die Edgeware Road, City of Westminster. Meine Freundin hat nicht zu viel versprochen. Ich entdecke ein libanesisches Restaurant neben dem anderen. Frittierte Bällchen aus Kichererbsen werden angepriesen, Taboulé, Petersiliensalat mit Minze, Zitrone, Tomaten und Bulgur, pürierte Auberginen mit Sesampaste. Selbstverständlich fehlen auch Falafels nicht. Früher hatte man in den Lokalen seine Bestellungen zu verspeisen, heute heißt es: „Wollen Sie es hier essen oder mitnehmen?" Draußen stehen Stühle, auf denen man seine Hefeteigtaschen mit Spinat und Sumach, einem säuerlichen roten Gewürz, zu sich nehmen kann.

Die Luft ist voll von Shisha-Rauch, eine Orgie unterschiedlichster aromatischer Gerüche. In manchen Lokalen zocken Männer, für eine Shisha-Pfeife fehlt die Gelassenheit, ihnen hängt eine Zigarette im Mundwinkel, auch das unvermeidliche kleine Teeglas ist in Reichweite. Ihre Gesichter sind wie aus vergangenen Zeiten.

Streetfood unter einem Art-déco-Himmel

Am nächsten Tag ist es etwas kühler, ideal, um den Borough Market aufzusuchen. Er liegt nicht weit von der Tate Gallery of Modern Art entfernt, im Stadtteil Southwark, am südlichen Ende der London Bridge. In der überdachten Art-déco-Halle gibt es ungefähr 130 feste Marktstände – aber zum Ende der Halle hin, zur Southwark-Kathedrale, hat sich auf einigen Quadratmetern eine Szene junger Streetfood-Köche etabliert. Da will ich hin. Vorher komme ich aber aus dem Staunen nicht heraus. Die Fleischer zerkleinern ihre Lammsteaks auf jahrhundertealten tonnenschweren Holzblöcken. Das Holz ist vor jedem mit einem Messer hantierenden Metzger leicht gesenkt – Abnutzungen über Generationen. In Deutschland wäre die Benutzung solcher Blöcke nicht erlaubt, zu unhygienisch. Auch hier liegen die Waren, selbst die Fleischwaren, offen aus. Nirgendwo die Glasscheibe, die ein Anfassen verhindern soll.

Es wird nach hinten heller und offener, und da reiht sich auch ein mobiler Imbissstand neben den anderen. Alles regional, alles organic, mehr und mehr vegetarisch und vegan. Männer in Anzügen stehen herum und essen Sandwiches mit spanischer Chorizo-Wurst, sie halten ihr Essen auf Abstand, damit ja kein Fettspritzer ihre Kleidung trifft. Junge Frauen bestellen sich in fettundurchlässigen Tüten Couscous mit Zitrone, geröstetes Bio-Hühnchen oder Burger mit gegrilltem Fisch. Ich fühle mich wie in einer kommunalen Kantine, stehe mit anderen unter Eisenstreben herum und esse einen Blues Burger, kreiert für Fans von Chelsea. Jetzt wäre es schön, wenn meine Freundin da wäre. Sie könnte einen Burger von Boston Sausage essen – eher mehr Gourmet. Doch so kann ich beobachten: Selbst in dieser wilden Kochszene stehen alle geduldig an.

FISH AND CHIPS

4–6 Portionen   **35 Min.** Vorbereitung   **30 Min.** Garzeit

Die Briten sind verrückt nach Fisch and Chips, das schon fast als Nationalgericht angesehen werden darf: Über 380 Millionen Portionen im Jahr werden davon verkauft. Als 1860 in London der erste Fisch-&-Chips-Laden der Welt eröffnete, servierte man das Kabeljaufilet im Teigmantel noch mit würzigen, gebackenen Brotscheiben. Der beliebte Snack verbreitete sich schnell nicht nur in Großbritannien, sondern auch in den damaligen britischen Kolonien.

Das simple Gericht besteht aus frittiertem Fischfilet in Backteig mit Pommes frites – oftmals very British mit Erbsenpüree als Beilage und mit Salz und Essig serviert.

Die Pommes frites kann man als Tiefkühlware kaufen oder frisch zubereiten. Selbst gemacht schmecken sie auf jeden Fall besser, und die Zubereitung funktioniert auch ohne Fritteuse.

Fischfilet im Bierteig:

1 Ei
100 ml Bier
150 g Mehl
Salz
1 l Sonnenblumenöl zum Frittieren
600 g Fischfilet (z. B. Kabeljau-, Seelachs-, Rotbarschfilet)

Pommes frites:

1 kg festkochende Kartoffeln
etwas Öl zum Braten
Salz

ZUBEREITUNG

Für das Fischfilet das Ei mit 2 EL Wasser verquirlen und mit Bier und 100 g Mehl zu einem glatten Teig verrühren. Mit 1 TL Salz würzen und 15 Minuten ruhen lassen.

In der Zwischenzeit **für die Pommes frites** die Kartoffeln schälen, waschen und in dicke Stifte schneiden. Die Kartoffelstifte 10 Minuten in eine Schüssel mit Wasser legen. Danach das Wasser abgießen und die Kartoffeln mit Küchenpapier gut trocken tupfen. Den Backofen auf 180 °C vorheizen. Die Kartoffelstifte in heißem Öl in der Pfanne anbraten, leicht salzen und auf ein mit Backpapier ausgelegtes Backblech geben. Im Ofen je nach Dicke 15 bis 20 Minuten knusprig backen, dabei mehrmals wenden.

Das restliche Mehl auf einen Teller geben. Das Öl in der Fritteuse oder in einem hohen Topf auf etwa 190 °C erhitzen. Die Fischfilets waschen, gründlich trocken tupfen und in mundgerechte Stücke schneiden. Im Mehl wenden, durch den Bierteig ziehen und im heißen Fett frittieren. Wenn die Stückchen goldbraun sind, herausnehmen und auf Küchenpapier abtropfen lassen.
Die Pommes frites noch einmal salzen. Mit den Fischstücken und etwas Mayonnaise oder Remoulade servieren.

DOSA MIT KARTOFFELCURRY

10 Portionen   **30 Min.** Vorbereitung (plus Ruhezeit)   **45 Min.** Garzeit

Nirgendwo sonst in Europa gibt es wohl so viele indische Restaurants und Imbissläden wie in London. Kein Wunder, da Indien einst britische Kronkolonie war. Die kulinarischen Einflüsse zeigen sich bis heute und bereichern den Speisezettel auf der Insel. Und das ist gut so, da englische Kochkunst bislang kein großes Ansehen genoss.

Dosa ist ein knuspriger, hauchdünner Pfannkuchen aus Linsen- und Reismehl, der vor allem in Südindien zum Frühstück oder als Abendessen gegessen wird. Dosas backt man auf einer gusseisernen Platte oder in einer großen Pfanne. Die Pfannkuchen gibt es mit und ohne Füllung, am bekanntesten ist Masala Dosa mit einem würzigen Kartoffelcurry.

Dosas:

300 g Reismehl
100 g Linsenmehl
Salz
3 EL Joghurt
2 EL Ghee oder Butter-
schmalz

Kartoffelcurry:

1 kg mehligkochende
Kartoffeln
1 Stück Ingwer (3 cm)
1 Chilischote
4 EL Kokosraspel
6 EL Ghee oder Öl
2 TL Senfkörner
2 TL Kreuzkümmelsamen
Salz
½ TL Zucker
1 TL gemahlene Kurkuma
2 EL gehackter Koriander
2 EL Butter

ZUBEREITUNG

Am Vortag **für die Dosas** beide Mehlsorten mit 1 TL Salz in eine Schüssel geben und vermischen. 300 ml Wasser und Joghurt verrühren, zum Mehl geben und alles zu einem glatten Teig verrühren. Zugedeckt über Nacht in den Kühlschrank stellen. Am nächsten Tag 1 EL Ghee in einer großen beschichtete Pfanne erhitzen. Etwas Teig in die Pfanne geben und einen dünnen Pfannkuchen backen. Er sollte goldbraun sein. Darauf achten, dass er nicht zu dunkel wird. Auf diese Weise den ganzen Teig zu Dosas backen. Die Pfannkuchen warm stellen.

Für das Curry die Kartoffeln 20 Minuten in Wasser garen, pellen und in Stücke schneiden. Den Ingwer schälen und reiben, die Chilischote putzen und hacken. Beides mit Kokosraspeln und etwas Wasser zu einer Paste pürieren. Ghee in einem Topf erhitzen, Senfkörner und Kreuzkümmel dazugeben, unter Rühren leicht rösten. Die Kokospaste hinzufügen und gut verrühren. Nach 1 Minute die Kartoffeln dazugeben, mit Salz, Zucker und Kurkuma würzen. Alles etwa 5 Minuten lang braten, dabei öfter umrühren. Die Dosas damit füllen, Koriander dazugeben. Dosas in der Mitte zusammenklappen und von beiden Seiten noch mal kurz in der Butter braten.

Dazu passt ein **Kokosnuss-Chutney**: 100 g Kokosraspel in einer Pfanne ohne Fett anrösten. 1 kleine Zwiebel schälen und fein hacken. 1 grüne Chilischote putzen und klein hacken. Zwiebel und Chili in 1 EL Sesamöl anbraten. ½ Bund Koriander waschen, trocken schütteln, die Blätter hacken. 200 g Joghurt, Koriander und Kokosraspel verrühren, die Zwiebelmischung und etwa 50 ml heißes Wasser dazugeben und pürieren. 1 EL Sesamsamen in einer Pfanne rösten. Unter das Chutney rühren und mit Salz würzen.

OXTAIL STEW

4–6 Portionen   **45 Min.** Vorbereitung   **3 Std.** Garzeit

Der gute alte Ochsenschwanz-Eintopf, der während der Zeit der Weltwirtschaftskrise aus der Not heraus populär war, wird gerade wieder neu entdeckt. Ende der 20er- und Anfang der 30er-Jahre des vorigen Jahrhunderts führte die Krise in den Industrienationen zu Massenarbeitslosigkeit — in dieser Zeit waren einfache und günstige Gerichte gefragt. Suppenküchen entstanden an jeder Ecke, und eines der Lieblingsgerichte der Londoner war und ist Oxtail Stew with mash.

Oxtail Stew:

1 kg Ochsenschwanz
(in Stücken)
1 Stange Lauch
½ Bund Staudensellerie
1 Möhre
300 g Knollensellerie
1 große rote Zwiebel
Olivenöl
50 g Speckwürfel
1 EL Tomatenmark
½ l Rotwein
Salz, Pfeffer
1 Knoblauchzehe
1 Stück Ingwer
1 Lorbeerblatt
5 Zweige Thymian
½ l Rinderbrühe
100 ml Madeira
5 Stiele Petersilie

ZUBEREITUNG

Die Ochsenschwanzstücke waschen und gut trocken tupfen. Den Lauch und den Staudensellerie putzen. Möhre, Knollensellerie und Zwiebel schälen. Das Gemüse in Stücke schneiden.

Etwas Olivenöl in einem Schmortopf erhitzen und die Fleischstücke mit den Speckwürfeln darin rundherum anbraten. Den Speck und die Schwanzstücke herausnehmen. Wieder ein wenig Olivenöl in den Topf geben und das Gemüse darin anbraten, zum Schluss das Tomatenmark unterrühren und kurz mitbraten.

Mit dem Wein ablöschen und die Fleischstücke wieder dazugeben. Mit Salz und Pfeffer würzen. Knoblauch und Ingwer schälen und klein hacken. Mit Lorbeerblatt und Thymian zum Fleisch geben, kurz aufkochen und offen auf die Hälfte der Flüssigkeit einkochen lassen, das dauert etwa 45 Minuten. Ab und zu umrühren.

Die Rinderbrühe und den Madeira dazugeben, einen Deckel darauflegen und alles 2 Stunden bei mittlerer Hitze schmoren.

Die Ochsenschwanzstücke herausnehmen und etwas abkühlen lassen. Die Flüssigkeit mit dem Gemüse durch ein Sieb in einen anderen Topf passieren, das Gemüse gut ausdrücken und nicht weiterverwenden. Die Sauce noch einmal aufkochen, mit Salz und Pfeffer abschmecken.

Das Fleisch mit einem kleinen Messer von den Knochen lösen, in die Sauce geben und erwärmen. Die Petersilie waschen, trocken schütteln, die Blätter hacken und darüberstreuen. Den Oxtail Stew nach Belieben mit Kartoffelbrei (mash) servieren.

MENU

GROUNDNUT STEW
Tender pieces of chicken thigh meat
cooked in a rich peanut butter sauce

SPINACH & AGUSHI
Spinach & mushroom mixed with Melon seed &
tomato sauce

BEEF STEW
Soft pieces of beef stew beef in a
mixed bell pepper sauce

BLACK-EYED BEANS
black-eyed beans cooked in a thyme
rosemary and tomato sauce & a hint of
coconut

Jollof RICE
Basmati rice cooked in mildly spice
tomato sauce

SPECIAL

PORCHETTA ROLL

4–6 Portionen   **30 Min.** Vorbereitung   **2 ½ Std.** Garzeit

Der toskanische Schweinerollbraten, im frühen 20. Jahrhundert eingeführt durch italienische Auswanderer, wurde gerne, kalt serviert, bei Ausflügen mit Brot und Wein genossen. In der Toskana wird dafür auch heute noch ein ganzes Spanferkel verwendet, das mit Gewürzen gefüllt, zugenäht und 24 Stunden langsam drehend über dem Holzkohlengrill gegart wird.

Typisch für diesen Braten ist die knusprige Kruste und die großzügige Verwendung von Fenchelsamen, Rosmarin, Pfeffer und Knoblauch — hier in einer Variante mit Ingwer und Zitronenschale. Die Porchetta Roll wird in London in Scheiben geschnitten mit grüner Sauce, Pecan Coleslaw oder lauwarm auf Linsensalat verkauft.

Porchetta Roll:

2 kg Schweinebauch
(gut durchwachsen; ohne Knochen)
Salz, Pfeffer
2–3 Knoblauchzehen
1 haselnussgroßes Stück Ingwer
4 EL Fenchelsamen
1 EL Pimentkörner
1 Bund Rosmarin
1 Bund Petersilie
abgeriebene Schale von
1 Bio-Zitrone

ZUBEREITUNG

Die Schwartenseite des Schweinebauchs mit einem sehr scharfen Messer rautenförmig (etwa 1 cm Abstand) einschneiden und großzügig mit Salz einreiben. Das Stück umdrehen, sodass die Schwartenseite unten liegt. Das Fleisch salzen und pfeffern.

Den Knoblauch und den Ingwer schälen und in feine Würfel schneiden. Die Fenchelsamen und die Pimentkörner in einem Mörser zerstoßen. Den Rosmarin und die Petersilie waschen, trocken schütteln und die Blätter klein hacken. Alle Gewürze und Kräuter auf dem Fleisch verteilen. Die Zitronenschale darüberstreuen. Den Backofen auf 150 °C vorheizen.

Das gewürzte Fleisch fest aufrollen, sodass die Schwartenseite außen ist, und mit Küchengarn zusammenbinden. Auf das Ofengitter legen und ein Abtropfblech darunterschieben. Den Schweinebauch im Ofen etwa 2 ½ Stunden kross braten. Herausnehmen und in Scheiben schneiden.

PORCHETTA BAR

MON—FRI ○ NOON—3ᴾᴹ

A ROLL WITH SALSA VERDE — £5

A ROLL WITH PECAN COLESLAW — £5.⁵⁰

A SALAD WITH LENTILS — £6

TO EAT IN ADD £1.⁵⁰

QUICK LUNCH

£5 TAKE AWAY

PORCHETTA ROLL

THUNFISCH-SANDWICH MIT EI

2 Portionen   **15 Min.** Vorbereitung

Es gehört heute zu unserem Alltag wie der Kaffee am Morgen: Das Sandwich mit seinen vielen Variationen ist der ideale Magenfüller für zwischendurch, als Ersatz fürs Mittagessen oder als Reiseproviant. Rezepte gibt es wie Sand am Meer.

Der Legende nach war es der 4. Earl of Sandwich, der im 18. Jahrhundert das Sandwich erfunden haben soll. Der begeisterte Kartenspieler wollte wegen einer Mahlzeit sein Spiel nicht unterbrechen und bestellte deshalb eine gebratene Fleischscheibe zwischen zwei Brotscheiben. Das konnte er nur mit einer Hand essen, und es roch so lecker, dass seine Mitspieler auch ein „Brot wie Sandwich" orderten – damit war das Sandwich geboren. Einen Toast auf den Earl!

Sandwich:

2 Eier
1 Dose Thunfisch (in Öl)
4 Stiele Petersilie
4 Stiele Koriander
1 kleine weiße Zwiebel
2 mittelgroße Gewürz-
gurken
Saft von ½ Zitrone
1 EL Mayonnaise
Salz, Pfeffer
2 Salatblätter
2 Vollkornbrötchen
(z. B. aus Roggenmehl)

ZUBEREITUNG

Die Eier 8 bis 10 Minuten hart kochen, mit kaltem Wasser abschrecken und pellen. Die Eier vierteln oder in Scheiben schneiden. Den Thunfisch in einem Sieb abtropfen lassen und in eine Schüssel geben.

Die Petersilie und den Koriander waschen, trocken schütteln und mit den Stielen klein hacken. Die Zwiebel schälen und wie die Gewürzgurken in möglichst kleine Würfel schneiden. Thunfisch, Zwiebeln, Gurken und Kräuter miteinander vermischen. Den Zitronensaft und die Mayonnaise dazugeben und mit Salz und Pfeffer abschmecken.

Die Salatblätter waschen und trocken schütteln.

Die Vollkornbrötchen seitlich aufschneiden, aber nicht ganz durchschneiden, sodass eine Tasche entsteht. Die Thunfischmasse auf die Brötchen streichen, je 1 Salatblatt in die Mitte geben und die Eier darauf verteilen.

CRISPS SALT 'N' VINEGAR

4 Portionen   **10 Min.** Vorbereitung   **3 Min.** Garzeit

In Großbritannien heißen unsere Chips „Crisps", und dort isst man sie am allerliebsten mit Salz und Essig. Chips werden von den Briten nicht nur gerne beim abendlichen Bier oder Cider im Pub oder vor dem Fernseher geknabbert, sondern auch oft zusammen mit einem Sandwich zum Mittagessen verzehrt.

Erfunden wurden sie 1853 von einem Koch in den USA, der einem unangenehmen Gast eine Lektion erteilen wollte, weil dieser seine Bratkartoffeln als zu dick empfand und zurückgehen ließ. So trat die knusprige, hauchdünne Kartoffelscheibe einen sensationellen Siegeszug um die ganze Welt an. Nach Deutschland kamen die Chips erstmals nach dem Zweiten Weltkrieg mit den GIs, die nicht auf ihren gewohnten Snack verzichten wollten — die ersten Chips wurden bei uns nur für sie gemacht.

Die Kartoffelchips kann man ganz einfach selbst herstellen, und wer's englisch mag, würzt sie mit Salz und Essig.

Crisps:

6–7 große mehligkochende Kartoffeln
1 l Raps- oder Sonnenblumenöl
1 TL Salz
1 EL Essig

ZUBEREITUNG

Die Kartoffeln schälen, waschen und in sehr dünne Scheiben hobeln. In eine Schüssel mit kaltem Wasser geben und umrühren, bis die Stärke ausgewaschen ist. Danach die Scheiben möglichst nebeneinander auf ein sauberes Geschirrtuch legen und trocken tupfen.
In einem hohen Topf oder in der Fritteuse das Öl erhitzen, bis Bläschen an einem Holzkochlöffel hochsteigen. Die Kartoffelscheiben hineingeben und frittieren, bis sie leicht braun werden.
Mit einem Schaumlöffel aus dem Öl heben und auf Küchenpapier abtropfen lassen. Salzen oder nach Geschmack würzen und für die englische Version Essig darüberträufeln.

SAMOSAS

12 Portionen   **35 Min.** Vorbereitung   **2 Min.** Garzeit

Samosas sind indische, beziehungsweise pakistanische Teigtaschen, die mit Gemüsecurry, mit Reis und Kartoffeln, aber auch mit Hackfleisch oder Fisch gefüllt und frittiert werden. Typisch ist ihre dreieckige Form. In Indien werden sowohl auf der Straße, als auch im Kino gerne gegessen.

In Europa sind sie als kleines Mittagessen, scharf gewürzt als Partymitbringsel oder als exotische Vorspeise beliebt.

Samosas:

250 g Dinkelmehl

125 g Weizenmehl

60 ml Öl

2 TL gemahlene Kurkuma

Salz

250 g mehligkochende Kartoffeln

300 g Blumenkohl

1 TL Currypulver

Muskatnuss

Chilipulver

200 ml Gemüsebrühe

50 g Erbsen (tiefgekühlt)

1 l Sonnenblumenöl

ZUBEREITUNG

Für den Teig beide Mehlsorten in einer Schüssel mit 120 ml Wasser, 50 ml Öl, 1 TL Kurkuma und 1 TL Salz 5 Minuten kräftig zu einem glatten, geschmeidigen, aber nicht klebrigen Teig kneten. Wenn der Teig zu fest ist, noch etwa 50 ml Wasser dazugeben. Dann 20 Minuten zugedeckt ruhen lassen.

Für die Füllung die Kartoffeln schälen und in kleine Würfel schneiden. Den Blumenkohl putzen, waschen und in kleine Röschen teilen. Die Röschen klein schneiden. In einem Topf 1 EL Öl erhitzen und die Kartoffeln und den Blumenkohl darin unter Rühren andünsten. Mit 1 TL Kurkuma, dem Currypulver, etwas Muskatnuss, Chilipulver und Salz würzen. Mit Gemüsebrühe ablöschen und zugedeckt bei mittlerer Hitze 10 Minuten dünsten. Die Erbsen dazugeben, den Topf vom Herd nehmen und das Gemüse weitere 10 Minuten ziehen lassen. Das Gemüse verrühren, sodass es zerfällt und sich Kartoffeln und Blumenkohl gut vermischen. Erneut abschmecken. Den Teig nochmals gut durchkneten und auf einer bemehlten Fläche zu einem Rechteck ausrollen. Etwa 12 gleich große Quadrate ausschneiden. Mit einem großen Löffel Häufchen auf die Mitte der Teigquadrate setzen, die Teigstücke über der Füllung zu Dreiecken umklappen und die Ränder andrücken. Mit einem kleinen Messer den übrigen Teigrand abtrennen, sodass ein prall gefülltes Dreieck entsteht.

Das Sonnenblumenöl in der Fritteuse oder in einem hohen Topf auf 180 °C erhitzen und die Samosas darin etwa 2 Minuten knusprig braun backen. Dazu passt eine **indische Minzsauce**: 1 Bund Minze waschen, trocken schütteln, die Blättchen abzupfen. Minzeblätter, Saft von ½ Zitrone und 300 g Joghurt verrühren. Mit ½ TL gemahlenem Kreuzkümmel, etwas Salz, Pfeffer und Zucker würzen. Mit dem Stabmixer pürieren und noch mal abschmecken.

CHICKEN TIKKA MASALA

4 Portionen   **45 Min.** Vorbereitung (plus 4 Std. Marinierzeit)   **15 Min.** Garzeit

Chicken Tikka Masala entstand in der Nachkriegszeit Großbritanniens und ist – so sagt die Legende – eine Kombination aus indischen und englischen Kochgepflogenheiten. Chicken Tikka sind in Joghurt marinierte und gegrillte oder im traditionellen Lehmofen (Tandoori) gebackene Hähnchenfleischstücke. Da die Engländer es lieben, Fleisch mit Sauce zu essen, wurde dazu eine Tomatensauce mit indischen Gewürzen kreiert.

2001 erhob der amtierende britische Außenminister Robin Cook das Gericht sogar in den Rang eines Nationalgerichts. Es gibt wohl kein indisches Restaurant im Königreich, auf dessen Speisekarte es nicht zu finden ist.

Chicken Tikka Masala:

30 g Ingwer
2 Knoblauchzehen
700 g Hähnchenbrust
2 EL gemahlener Kreuz-
kümmel
2 EL Kurkumapulver
2 EL gemahlener Koriander
1 EL Zitronensaft
500 g Joghurt
175 g Zwiebeln
1 rote Chilischote (wer's
scharf mag, etwas mehr)
100 g Ghee oder Butter-
schmalz
1 ½ EL brauner Zucker
400 g passierte Tomaten
(aus der Dose)
200 g Sahne
Salz
3 Stiele Minze

ZUBEREITUNG

Den Ingwer und 1 Knoblauchzehe schälen, klein hacken und in eine Schüssel geben. Die Hähnchenbrust von Haut und Sehnen befreien, waschen, trocken tupfen und quer in 1 ½ cm breite Scheiben schneiden. Je 1 EL Kreuzkümmel, Kurkuma und Koriander, den Zitronensaft und den Joghurt zu Ingwer und Knoblauch geben und alles gut verrühren. Die Hähnchenstücke mit dem Gewürzjoghurt mischen und zugedeckt im Kühlschrank etwa 4 Stunden marinieren.

Die Zwiebeln und den restlichen Knoblauch schälen und grob würfeln. Die Chilischote putzen, entkernen und fein hacken. Die Zwiebel- und Knoblauchwürfel in einem großen Topf in 4 EL Ghee leicht andünsten. Zucker, Chili, den übrigen Koriander, Kurkuma und Kreuzkümmel untermischen und leicht anrösten. Die Tomaten, die Sahne und 100 ml Wasser dazugeben. Mit Salz würzen und etwa 5 Minuten köcheln lassen.

Das Hähnchenfleisch aus der Marinade nehmen und trocken tupfen. Das Fleisch im restlichen Ghee in einer Pfanne bei mittlerer Hitze von allen Seiten portionsweise goldbraun braten. Die Sauce erneut aufkochen.

Die Minze waschen, trocken schütteln und die Blätter zerkleinern. Die Hähnchenbrust und die Hälfte der Minze zur Sauce geben und 2 bis 3 Minuten köcheln lassen. Das Chicken Tikka Masala mit der restlichen Minze bestreuen. Dazu passen Naan und Basmatireis.

FALAFEL

4 Portionen   **2 Std.** Vorbereitung   **5 Min.** Garzeit

Manche sagen, die frittierten Kichererbsenbällchen seien in Ägypten erfunden wurden, andere vermuten ihre Herkunft im Libanon oder in Palästina. Heute ist die Falafel so oder so fester Bestandteil aller Küchen des Nahen und Mittleren Ostens sowie Nordafrikas. In Israel gilt sie sogar als DAS Nationalgericht.

   Natürlich hat das beliebte Kichererbsenbällchen auch seinen Weg nach Europa gefunden. In Deutschland kennt man Falafels seit den 1980er-Jahren, zunehmend auch als fleischlose Alternative zum Döner Kebab. Das erfreut nicht nur die immer größer werdende Gruppe der Vegetarier und Veganer, sondern auch alle, die gesünderes Streetfood bevorzugen.

Falafel:

1 Dose Kichererbsen
(ca. 500 g)
1 Bund Koriander
1 Bund Petersilie
2 Knoblauchzehen
2 EL Weißbrotbrösel
1 EL Mehl
Salz, Pfeffer
½ TL gem. Kreuzkümmel
½ TL gem. Koriander
1 l Raps- oder Sonnenblumenöl zum Frittieren

Tahinisauce:

1 Knoblauchzehe
300 g Sesampaste
(aus dem Glas)
Saft von 1 großen Zitrone
Salz
gemahlener Kreuzkümmel

ZUBEREITUNG

Für die Falafels die Kichererbsen abtropfen lassen. Den Koriander und die Petersilie waschen, trocken schütteln und hacken. Den Knoblauch schälen und zerdrücken. Die Kichererbsen, die Kräuter und den Knoblauch mit dem Stabmixer pürieren. Mit den Weißbrotbröseln und dem Mehl vermischen und mit Salz, Pfeffer, Kreuzkümmel und gemahlenem Koriander abschmecken. Es sollte eine gut formbare Masse sein, bei Bedarf entweder noch etwas Wasser oder Weißbrotbrösel dazugeben. Die Kichererbsenmasse 2 Stunden im Kühlschrank ziehen lassen.

In der Zwischenzeit **für die Tahinisauce** den Knoblauch schälen und mit der Sesampaste, 300 ml Wasser und dem Zitronensaft in einen hohen Rührbecher geben. Mit dem Stabmixer pürieren und mit Salz und Kreuzkümmel würzen.

Die Falafelmasse abschmecken, nach Belieben noch etwas salzen. Die Hände mit Wasser anfeuchten und aus der Masse Bällchen formen. Etwa 3 cm hoch Öl in einem Topf erhitzen und die Bällchen darin rundum frittieren, bis sie goldbraun sind.

Die Falafels herausnehmen und mit Sesamsauce und warmem Pitabrot servieren. Nach Belieben eingelegtes Gemüse wie Mixed Pickles und Rettich dazu reichen.

PORTOBELLO BURGER

4 Portionen   **1 Std.** Vorbereitung   **10 Min.** Garzeit

Portobello heißt nicht nur eine Champignonsorte enormen Ausmaßes, es ist auch eine Straße im Londoner Stadtteil Notting Hill. Montags bis freitags wird dort der Portobello Road Market als Lebensmittelmarkt veranstaltet (bekannter ist der Platz allerdings für die Samstagsmärkte, auf denen auch Second-Hand-Klamotten und vor allem Antiquitäten angeboten werden).

Der gegrillte oder gebratene Riesenchampignon übernimmt in diesem vegetarischen Burger die Rolle des Fleischklopses. Dazu gibt es Zwiebelrelish, Zucchini und Mozzarella, es ist also kein Ersatz für den klassischen Burger, sondern eine völlig neue Kreation, die man mal probieren sollte. Statt eines Sesambrötchens (Foto) kann man auch Focaccia verwenden, die Variante mit Rosmarin unterstützt dabei den Geschmack des Pilzes besonders gut.

Portobello Burger:

4–6 Riesenchampignons
ca. 110 ml Olivenöl
3–4 EL Aceto balsamico
2 EL Sojasauce
1 Zweig Rosmarin (gehackt)
Pfeffer
3 rote Zwiebeln
1 EL Butter
1 EL brauner Zucker
½ Zucchino
125 g Mozzarella
Salz
1 Rosmarin-Focaccia
4 TL Balsamicocreme
einige Blätter Rucola (oder
Salat)

ZUBEREITUNG

Die Champignons putzen und die Stiele herausschneiden. Aus 100 ml Olivenöl, 3 EL Aceto balsamico, Sojasauce, Rosmarin und Pfeffer eine Marinade rühren und die Pilze etwa 1 Stunde darin ziehen lassen.

Für das Relish die Zwiebeln schälen, in dünne Ringe schneiden und in der Butter bei mittlerer Hitze 4 bis 5 Minuten glasig dünsten. Den Zucker und 2 TL Aceto balsamico unterrühren, bei kleiner Hitze 30 Minuten karamellisieren. Zwischendurch umrühren.

Den Zucchino putzen, waschen und wie den Mozzarella in Scheiben schneiden. Die Zucchinoscheiben in der Pfanne mit 1 TL Olivenöl oder auf dem Grill 5 Minuten auf jeder Seite braten. Salzen und pfeffern und beiseitestellen.

Die Pilze aus der Marinade nehmen und bei mittlerer Hitze etwa 5 Minuten braten. Wenden, mit Mozzarella belegen und weitere 4 Minuten garen. Der Käse sollte schmelzen.

Die Focaccia in 4 gleich große Stücke schneiden (etwa 10 x 10 cm) und jeweils waagerecht halbieren. Alle Teile etwa 2 Minuten in einer Pfanne bei mittlerer Hitze ohne Fett oder auf dem Grill rösten. Jeweils beide Innenseiten mit Balsamicocreme bestreichen. Den Rucola waschen, trocken tupfen und auf die unteren Brothälften legen. Das Zwiebelrelish darauf verteilen. Die gebratenen Käse-Pilze und Zucchinischeiben daraufgeben und mit den oberen Brothälften bedecken.

CUPCAKES

12 Portionen   **20 Min.** Vorbereitung   **30 Min.** Garzeit

Der Cupcake war ursprünglich ein kleiner Kuchen, der in der Tasse gebacken wurde. Cupcakes fristeten lange Zeit ein eher unauffälliges Gebäckdasein, in den späten 1990er-Jahren jedoch begannen in New York einzelne Bäckereien aufwendig dekorierte Cupcakes zu verkaufen und trafen den Nerv der Zeit. Der Trend wurde zunehmend von den Medien aufgegriffen, und so entwickelten sich die Küchlein in den USA, Kanada und Großbritannien innerhalb weniger Jahre zu einem Produkt mit hippem Touch.

In Deutschland mögen wir es nicht so süß und fett — Cupcakes sind hier eine willkommene Alternative zur Sahnetorte. In London haben sich viele Cupcake-Stores sogar auf ein bestimmtes Thema mit zahlreichen Varianten spezialisiert: Earl Grey Cupcakes, Apfel-Streusel- oder Dinosaurier-Cupcakes … Es gibt jede Menge fantastischer Shops. Die besten Bailey's Cupcakes findet man wohl bei bake-a-boo in West Hampstead. Tolle Cocktail-Cupcakes gibt es in der Primrose Bakery in Kensington.

Cupcakes:

150 g Butter
150 g Zucker
2 Eier
150 g Mehl
½ TL Backpulver
½ TL Vanillezucker
100 ml Bailey's Irish Cream
2 EL Krokant
1 EL Kakaopulver

Topping:

70 g Butter
1 Päckchen Vanillezucker
200 g Frischkäse
70 ml Bailey's Irish Cream
50 g Krokant

ZUBEREITUNG

Für die Cupcakes die Butter und den Zucker verrühren und die Eier nacheinander unterschlagen. Das Mehl, das Backpulver und den Vanillezucker portionsweise untermischen. Dann Irish Cream, Krokant und Kakaopulver unter den Teig rühren. Den Backofen auf 175 °C vorheizen. Zwölf Papiermanschetten in die Mulden einer Muffinform setzen und den Teig darin verteilen. Im Ofen 30 Minuten backen, die Muffins herausnehmen und abkühlen lassen.

Für das Topping die Butter im Topf schmelzen. Den Vanillezucker, den Frischkäse und nach und nach den Bailey's dazugeben und unterrühren. Die Creme in den Kühlschrank stellen. Nach 1 Stunde die Creme in einen Spritzbeutel mit Sterntülle füllen und die Muffins damit verzieren, anschließend mit Krokant bestreuen.

White Chocolate & Lime

ISTANBUL

WHERE ORIENT
MEETS OCCIDENT

Im Mekka der kleinen Köstlichkeiten

Pulsierendes Straßenleben am Bosporus

Sesamkringel, wohin ich nur blicke. Junge und alte Männer bieten diese salzigen Simits auf Wagen an, mit denen sie durch die Straßen ziehen, zusammen mit Schmelzkäseecken in Stanniolpapier – gegen New Yorks Pretzels sind sie also noch eine Stufe gehaltvoller, wenigstens in dieser Kombination, die ich so noch nicht in Deutschland beobachtet hatte. Eher sind sie mit Bagels zu vergleichen.

Fruchtalarm und fahrende Händler

Die Kringelverkäufer wechseln sich ab mit denen, die auf ihren Wagen verschiedene Früchte gestapelt haben. Granatäpfel, Apfelsinen, Bananen, Melonen. Mit dabei ist eine Saftpresse, die sofort in Gang gesetzt wird, sobald ein Kunde auf die Sorten zeigt, von denen er sich ein Getränk wünscht. Besonders beliebt sind Apfelsine und Granatapfel. Ich probiere diese Zusammenstellung ebenfalls, der frische Saft schmeckt köstlich.

Noch andere fahrende Händler sind unterwegs, mit gegrillten Maiskolben oder Ayran, hergestellt auf der Basis von Joghurt, Salz und Milch, ein weiteres beliebtes Erfrischungsgetränk. Streetfood in Istanbul – das ist keine Szene, die irgendwie erfunden werden musste. Draußen auf der Straße zu essen ist ein Vergnügen, das so selbstverständlich ist wie die Angler auf der 500 Meter langen Galatabrücke. Dicht an dicht stehen sie auf dieser Verbindung von Europa nach Asien (oder umgekehrt) und versuchen ihr Glück. Wenn sie nicht mehr zum Straßenbild gehören, gibt es bestimmt einen Aufschrei. Ähnlich kann es nur bei den fliegenden Händlern sein.

Mit Messers Schneide

Was werden die Messer gewetzt! Überall beherrschen Döner-Kebab-Stände die Ladenzeilen. Die Herrscher über die vertikal zulaufenden und an Spießen sich drehenden Lamm- oder Rinderklopse (oft werden auch beide Fleischarten abwechselnd übereinandergeschichtet) schärfen unentwegt die langen Klingen, als hätte ein osmanischer Sultan aufgerufen, einen Aufstand einer unterworfenen Nation niederzuringen. Die weißen, akkurat wie ein Schiffchen gefalteten Kopfbedeckungen erinnern irgendwie auch an Soldatenmützen. Doch zum Glück besteht ihr Tun einzig und allein darin, das gewürzte und marinierte Fleisch hauchdünn abzusäbeln. Damit ist die Messerkunst beendet. Aufgefangen wird alles mit einer kleinen Schaufel und dann mit Salat, Tomaten und Zwiebeln auf einem Teller angerichtet – den bei uns üblichen Döner im Fladenbrot findet man hier vergleichsweise selten. Neben dem Dönerspieß rotieren gebratene Hähnchen, an den Theken liegen gegrillte grüne Peperoni und Zucchini, gegrillte Sardinen und büschelweise Petersilie aus. Und selbstverständlich fehlt nirgendwo Lahmacun, die türkische Pizza mit Hackfleisch, klein geschnittenem Gemüse und vielen Gewürzen.

Fischbrötchen für Klein und Groß

Unterhalb der Galatabrücke gibt es eine kulinarische Institution: An den Ufern des elf Kilometer langen Goldenen Horns tänzeln bei leichtem Wellengang Fischerboote, die „nautische" Sandwiches feilbieten. Egal zu welchem Boot ich gehe, überall wird das gleiche weiche helle Brötchen angeboten, in denen weißer, entgräteter Fisch eingepackt wird, dazu noch eine Handvoll Weißkohl und als Farbtupfer eine grüne Gewürzgurke.
Ziellos zieht es mich durch die belebten Straßen. Ein spezieller Anziehungspunkt für Kinder sind in der Flaniermeile Beyoğlu die Miesmuschelverkäufer, die die gekochten Midye Dolma – sie sind mit einem mit Pinien, Zimt, Piment und Minze gewürztem Reis gefüllt – einzeln anbieten. Noch ein bisschen Zitrone dazu. Für die Jungen und Mädchen ist das ein begehrter Snack, da kann ein Schokoriegel anscheinend einpacken. Auf der Straße in Düsseldorf oder Erfurt begeistert miesmuschelessende Achtjährige – ich kann es mir gerade nicht so vorstellen.

Zwei Gedankenleser unter sich

In einem der zahllosen Straßencafés lasse ich mich nieder und weiß nicht, was ich essen soll. Alles sieht so lecker aus, wie kann man denn da eine Entscheidung treffen? Am besten, ich frage den Kellner. Gedacht, getan.
„Was können Sie mir denn so empfehlen?", frage ich ihn auf Englisch, als er an meinen Tisch tritt, um die Bestellung aufzunehmen.
„Die gefüllten Kartoffeln sind gut", sagt er in einem akzentfreien Deutsch. „Ihr Deutschen mögt doch gern Kartoffeln."
Wie? Ich sehe mit meinen langen dunklen Haaren wie ein Deutscher aus?
Der Kellner muss meine Irritation bemerkt haben, denn er erklärt: „Sie haben eine Kamera dabei. Eine Profi-Kamera. Sie sind sicher ein Fotograf. Ein deutscher Fotograf. Ich kann übrigens Gedanken lesen. Das können hier in Istanbul viele. Teppichhändler sind da ganz groß drin. Als ein Gedankenleser würde ich sogar sagen, dass Sie aus München kommen."
Ich muss lachen. Der Mann ist überzeugend. Viele Jahre wird er wohl in meinem Heimatland gearbeitet und hier in Istanbul jeden Tag deutsche Touristen ausgiebig studiert haben. Zweifellos wird er da Gedanken lesen können.
„Wo haben Sie in Deutschland gearbeitet? Vielleicht in München bei Siemens?"
Nun lacht der Kellner. „Da sind wir ja jetzt zwei, die eine gewisse Hellsicht haben."

„Und was passt zu den Kartoffeln?" Ich wende mich meinem eigentlichen Anliegen zu.
„Hühnerspieße mit einer Joghurtsauce."
Während ich auf das Essen warte, läuft ein Mann an mir vorbei, der elegant ein großes Tablett trägt – ich bewundere seine Armmuskulatur, dafür hätte er lange Stunden in einem Fitnessstudio zubringen müssen. Auf dem Tablett liegen türkische Burger, gefüllt mit Lammfleisch, aus denen eine rote Marinade tropft. Daneben gebackene Köfte, Hackfleischbällchen, die eine Schiffchenform haben. Wäre ich ein Hund und würde ihm hinterherlaufen, mir würde permanent der Speichel über die Lefzen aus dem Maul fließen.

Drive-in auf türkisch

Um meinen Blick von diesem Tablett abzulenken, gucke ich in die Ferne. Direkt neben einem Taxistand baut ein weiterer ambulanter Händler gerade seinen Stand auf. Vorsichtig legt er seine Waren auf einer Minitheke aus, nicht minder behutsam werden die einzelnen Schüsseln mit Klarsichtfolie umwickelt, damit sich auf ihnen keine Fliegen verirren. Von meinem Platz aus kann ich nur die hart gekochten Eier genau erkennen, eines davon wird gleich vom ersten Taxifahrer anvisiert, jedenfalls reicht es ihm der Händler gegen ein paar Münzen durchs Fenster seines Wagens. Aber auch die Taxifahrer dahinter rufen dem Mann schon ihre Bestellungen zu. Nicht einmal aussteigen müssen sie dazu.

Zimt ist unpolitisch

„Denken die Menschen hier noch an etwas anderes als ans Essen?", frage ich den gedankenlesenden Türken, als er mir meine Speisen serviert.
„Besser, sie denken ans Essen als an eine falsche Politik", erwidert er weise.
„Da will ich gar nicht widersprechen", sage ich. „Aber wenn Sie sich so gut in Ihre Mitmenschen hineinversetzen können, warum lieben alle es so sehr, auf der Straße zu essen?"
„Früher brauchten die ärmeren Leute das Straßenessen", erklärte der Kellner, „weil sie so viel arbeiten mussten und keine Zeit hatten zu kochen. Heute essen die Menschen auf der Straße, weil es kommunikativ ist und glücklich macht."
Ich schweige und genieße meine mit Auberginen gefüllte Kartoffel. Der Zimt, mit denen die Auberginen interessant gemacht wurden, schmeckt tatsächlich sehr unpolitisch.

GRANATAPFELSAFT & AYRAN

2 Portionen **10 Min.** Zubereitung / **4** Portionen **5 Min.** Zubereitung

Die Istanbuler lieben den Granatapfelsaft — auf der Straße an kleinen fahrbaren Ständen schnell gepresst und für kleines Geld unkompliziert an fast jeder Ecke zu bekommen. Manchmal wird er mit etwas Orangensaft vermischt und erfrischt mit seinem ganz speziellen süßsauer-herben Geschmack. Gegen so ziemlich jede Krankheit brauchbar, schätzt man den „Apfel der Liebe" zusätzlich als Aphrodisiakum.

Auch Ayran ist ein erfrischend-sommerlicher Trunk, der nicht nur in Istanbul, sondern im ganzen osteuropäischen und orientalischen Raum den Durst löscht. Joghurt und Wasser werden dafür im Verhältnis 2:1 mit etwas Salz schaumig gerührt. Traditionell begrüßt man in der Türkei Gäste auf dem Land mit einem Glas Ayran. Frisch gemixt bekommt man ihn auch bei uns in türkischen Restaurants, oft original mit einer schönen schaumigen Krone.

Granatapfelsaft:

2 große, reife Granatäpfel
4 Orangen
½ Limette
1 TL Honig
1 TL Rosenwasser (aus der Apotheke oder im türkischen Lebensmittelladen)
Eiswürfel

Ayran:

400 g Joghurt aus Kuh- oder Schafsmilch (vollfett)
Salz

ZUBEREITUNG

Für den Granatapfelsaft die Granatäpfel und die Orangen halbieren und den Saft auspressen. Die Limette ebenfalls auspressen. Die Säfte mit Honig und Rosenwasser vermischen und in Gläser füllen. Mit Eiswürfeln auffüllen und nach Belieben mit Minzeblättern dekorieren.

Für den Ayran den Joghurt und 800 ml kaltes Wasser in einer Schüssel mit einem Schneebesen gut verrühren, bis keine Klümpchen mehr zu sehen sind. Mit 1 Prise Salz abschmecken. Wer möchte, kann Koriander, Dill, Basilikum, oder/und Minze sehr klein gehackt dazugeben. Das Ganze lässt sich auch sehr gut mit dem Stabmixer pürieren, dann kann man sich das Kräuterhacken sparen, und das Aroma der Kräuter schmeckt intensiver.

SIMIT

15 Portionen   **2 Std.** Vorbereitung   **10 Min.** Garzeit

Er gilt als die Breze Istanbuls: Simit, der in der ganzen Türkei heiß geliebte Sesamkringel. Auf den Istanbuler Straßen kann man ihn in den Bäckereien wie auch bei mobilen Simit-Verkäufern täglich frisch kaufen.

Ein Kringel auf die Hand zu jeder Tageszeit: zum Frühstück, gerne in Traubensirup getunkt, morgens auf dem Weg zur Arbeit mit ein bisschen Schmelzkäse, für die Überfahrt auf dem Schiff von Asien nach Europa oder zu einem Glas Çay (Tee). Er sollte nur leicht süß, innen nicht zu weich und außen nicht zu trocken sein. Mittlerweile gibt es verschiedene Variationen: mit Sucuk (Wurst) belegt oder zu einer Tasche gebacken und mit Oliven und Käse gefüllt.

Simit:

- 1 Würfel Hefe (42 g)
- 1 kg Mehl
- 1 TL Zucker
- Salz
- 2 EL Olivenöl
- 75 g Sesamsamen
- 100 ml Traubensirup

ZUBEREITUNG

Die Hefe in 600 ml lauwarmem Wasser auflösen. Mehl mit Zucker und ½ TL Salz mischen und in eine Schüssel geben. In die Mitte eine Mulde drücken. Die aufgelöste Hefe in die Mulde gießen und zugedeckt 15 Minuten gehen lassen.

Dann alles miteinander vermischen und so viel Wasser dazugeben, bis ein geschmeidiger Teig entsteht, der nicht mehr klebt. Das Öl untermischen und den Hefeteig noch mal gründlich durchkneten. Zu einer Kugel formen und zugedeckt 45 Minuten gehen lassen.

Den Teig in 15 Stücke teilen, dann zu Kugeln formen und zugedeckt noch mal 15 Minuten ruhen lassen. Eine Schüssel mit Wasser bereitstellen. Aus den Kugeln gut daumendicke Rollen formen und diese mit etwas Wasser zu Ringen schließen.

Den Sesam in einen tiefen Teller geben. Die Teigringe in Traubensirup tauchen und dann in den Sesam drücken. Auf Backbleche legen und erneut 20 Minuten gehen lassen. Inzwischen den Ofen auf 200 °C vorheizen.

Die Ringe mit etwas Wasser bespritzen und ein Schälchen mit Wasser in den Ofen stellen. Die Teigringe in den Ofen schieben. Nach 10 Minuten die Hitze auf 175 °C herunterschalten. Die Simit sind fertig, wenn sie goldgelb gebacken sind.

LAHMACUN

4 Portionen   **45 Min.** Vorbereitung   **5 Min.** Garzeit

Dieser Fladen aus Hefeteig wird traditionell ohne Umwege noch heiß aus dem Backofen auf die Hand gegessen. Der klassische Lahmacun wird abgesehen vom Hackfleisch nur mit Zwiebelstückchen und Petersilie belegt, mit Zitronensaft beträufelt, nach Geschmack noch scharf gewürzt und zusammengerollt.

Den besonderen Geschmack verdankt er dem Lamm-Rinder-Hackfleisch-Belag. Wer kein Lamm mag, kann genauso gut nur reines Rinderhackfleisch verwenden. Bei uns wird Lahmacun auch mit Salat und einer Joghurt-Knoblauch-Sauce als Imbiss angeboten.

Lahmacun:

4 große Tomaten
3 weiße Zwiebeln
1 Knoblauchzehe
300 g Rinder- und Lammhackfleisch (gemischt)
3 EL Olivenöl
1 EL Tomatenmark
¼ TL gem. Kreuzkümmel
1 TL getrockneter Thymian
1 TL Paprikapulver
Salz, Pfeffer
2 Rollen Hefeteig (à 450 g; aus dem Kühlregal)
1 Frühlingszwiebel
4 Stiele Petersilie
1 Zitrone

ZUBEREITUNG

Die Tomaten kreuzweise einschneiden, im kochenden Wasser kurz blanchieren und kalt abschrecken. Die Tomaten schälen, vierteln und entkernen. Das Fruchtfleisch in kleine Würfel schneiden. Die Zwiebeln und den Knoblauch schälen und hacken.

Das Hackfleisch in 2 Portionen im Olivenöl anbraten, dann in ein Sieb geben, damit das Fett abtropfen kann.

Die Zwiebeln und den Knoblauch andünsten, das Tomatenmark dazugeben, kurz anrösten und die Tomaten hinzufügen. Fleisch, Kreuzkümmel, Thymian und Paprika unterrühren und etwa 15 Minuten köcheln lassen. Mit Salz und Pfeffer abschmecken.

Den Hefeteig auf einer bemehlten Arbeitsfläche mit einem bemehlten Nudelholz sehr dünn ausrollen und halbieren, sodass 4 gleich große Teile entstehen. Die Fleischmasse dünn darauf verstreichen, dabei einen Rand von etwa 1 bis 2 cm frei lassen.

Den Backofen auf 220 °C vorheizen. Die Lahmacun im Ofen etwa 4 bis 6 Minuten backen, bis der Rand eine hell- bis goldbraune Farbe angenommen hat.

Die Frühlingszwiebel putzen, waschen, klein schneiden und auf den Lahmacun verteilen. Petersilie waschen und trocken schütteln. Zitrone vierteln. Teig mit je ¼ Zitrone beträufeln und mit je 1 Petersilienstiel (oder etwas Rucola) belegen. Nach Geschmack scharfes Chilipulver auf die türkische Pizza stäuben und zusammenrollen. Auf die Hand essen.

MIDYE DOLMA

4—6 Portionen   **45 Min.** Vorbereitung   **10 Min.** Garzeit

Bei einem abendlichen Bummel durch Istanbuls In-Viertel Beyoğlu kommt man an den Muschelständen am Straßenrand nicht vorbei. Midye Dolma (gefüllte Miesmuscheln) werden allerorts angeboten. Mit gewürztem Reis, Kräutern und Zitronensaft beträufelt, sind schnell mal so ganz nebenbei einige Muscheln verspeist. Hat man einmal damit angefangen, kann man nicht wieder aufhören. An anderen Ständen lassen sich Miesmuschelspieße paniert und frisch frittiert probieren. Dazu gehört natürlich Rakı, der türkische Anisschnaps.

Alles typische Istanbuler Spezialitäten, die man sich nicht entgehen lassen sollte — oder sie mal zu Hause nachkochen, als köstliche Vorspeise, wenn Gäste kommen.

Midye Dolma:

20 frische Miesmuscheln
(oder tiefgekühlt)
Salz
50 g Reis
1 weiße Zwiebel
1—2 EL Olivenöl
2 EL Pinienkerne
1 TL getrocknete Minze
¼ TL Pimentpulver
½ TL Zucker
¼ TL Zimtpulver
Pfeffer
2 Zweige Dill
1 Bund Petersilie
1 Zitrone

ZUBEREITUNG

Die Miesmuscheln sehr gründlich mit kaltem Wasser waschen und säubern, den „Bart" mit einem kurzen scharfen Messer abziehen, alle geöffneten Muscheln wegwerfen, nur fest verschlossene weiterverarbeiten.
In einem großen Topf etwa ½ l Wasser mit 1 TL Salz zum Kochen bringen. Die Muscheln in das kochende Wasser geben und bei starker Hitze 5 Minuten garen, bis sich die Schalen etwas geöffnet haben. Die Muscheln in ein Sieb geben und abkühlen lassen.
Den Reis gründlich abspülen. Die Zwiebel schälen und sehr fein hacken. In einem Topf etwas Olivenöl erhitzen und die Zwiebel darin glasig dünsten. Den Reis und die Pinienkerne dazugeben und bei mittlerer Hitze etwa 2 Minuten mitbraten. Minze, Piment, Zucker und Zimt unterrühren und mit Salz und Pfeffer würzen. 125 ml Wasser angießen. Die Reismischung zugedeckt bei schwacher Hitze etwa 15 Minuten garen. Anschließend den Reis abkühlen lassen.
Den Dill waschen, trocken schütteln und fein hacken. Unter den Reis rühren. Die Muscheln leicht öffnen und je 1 TL Reis auf das Muschelfleisch geben, leicht andrücken.
Die Muscheln mit Küchengarn umwickeln, damit sie beim Kochen nicht aufgehen, und nebeneinander in den Topf legen. Dann mit ¼ l Wasser aufgießen — nicht mehr, sie sollen nur dämpfen, nicht im Wasser liegen — und bei schwacher Hitze etwa 10 Minuten garen. Die Muscheln im Topf abkühlen lassen.
Petersilie waschen, trocken schütteln und fein hacken, Zitrone achteln. Das Küchengarn von den Muscheln entfernen, die Muscheln öffnen, sodass die Reismischung und das Muschelfleisch in einer Schale liegen. Auf einem großen Teller anrichten und mit Petersilie und Zitrone garnieren.

SUCUK DÜRÜM

4 Portionen   **15 Min.** Vorbereitung   **3 Min.** Garzeit

Knoblauchwurst zum Frühstück? In der Türkei selbstverständlich — ob kalt, gebraten oder gegrillt, alleine oder mit anderen Zutaten wie Eiern: Dort liebt man die Sucuk, eine daumendicke, kurze, feste, gut gewürzte Rinder-Rohwurst. Sie ist auch unter dem Namen türkische Knoblauchwurst bekannt und findet sich immer häufiger im deutschen Supermarktregal und auf mancher Pizza.

Bei all dieser Begeisterung ist der Weg zum Sucuk-Burger nicht weit, oder zum Sucuk Dürüm, was nichts anderes als Rolle bedeutet.

Sucuk Dürüm:

3 Tomaten
3 rote Zwiebeln
1 Salatgurke
1 kleiner Eisbergsalat
1 Knoblauchzehe
1 Stiel Minze
500 g Joghurt
Zitronensaft
1 EL Olivenöl
Salz, Pfeffer
500 g Sucuk
4 Dürümfladen

ZUBEREITUNG

Die Tomaten, die Zwiebeln und die Gurke putzen bzw. schälen, waschen und in dünne Scheiben schneiden. Den Eisbergsalat putzen, die Blätter ablösen, waschen und in Streifen schneiden.

Den Knoblauch schälen. Die Minze waschen, trocken schütteln, die Blättchen klein schneiden. Den Joghurt mit Minze, etwas Zitronensaft und 1 TL Olivenöl verrühren, den Knoblauch dazupressen und mit Salz und Pfeffer würzen.

Die Sucuk-Wurst häuten und schräg in dünne Scheiben schneiden. Dann in einer Pfanne im restlichen Olivenöl knusprig braten.

Die Dürümfladen in einer Pfanne ohne Fett anrösten, bis sich Blasen bilden. Tomaten, Salat, Zwiebeln und Gurke auf dem Fladen verteilen, je 1 EL Joghurt daraufträufeln und zum Schluss mit gebratenen Wurstscheiben belegen. Nach Belieben mit Chiliflocken bestreuen. Die Seiten ein wenig einklappen und den Fladen aufrollen. Zum besseren Halt eine Serviette um die Hälfte der Rolle binden.

POĞAÇA

10 Portionen   **1 Std.** Vorbereitung   **30 Min.** Garzeit

Dieses Hefegebäck wird in türkischen Familien nicht nur an großen Feiertagen wie Neujahr, dem Fastenbrechen oder beim Opferfest von den Hausfrauen frisch zubereitet.

Neben Schafs- und Ziegenkäse, Oliven, Tomaten, Gurken, Honig, Butter und warmem Fladenbrot gehören Poğaça auch zu einem ausgiebigen türkischen Frühstück. Die gelegentlich hörnchenförmigen Poğaça sind zum Beispiel mit Spinat und Feta oder mit Hackfleisch gefüllt. Dazu wird gerne schwarzer Tee getrunken. Die sprachliche Herkunft des Wortes Poğaça leitet sich übrigens von dem italienischen Hefegebäck Focaccia ab.

Poğaça:

20 g frische Hefe
250 g Magerjoghurt
100 g Butter
1 Ei
125 ml Olivenöl
Salz
500 g Mehl
150 g Fetakäse
1 Bund Petersilie
schwarze Sesamsamen

ZUBEREITUNG

Die zerbröckelte Hefe mit dem zimmerwarmen Joghurt verrühren. Die Butter in einem Topf zerlassen, das Ei trennen. Die Butter mit dem Öl, 1 TL Salz und dem Eiweiß gut vermischen. Den Hefejoghurt unterrühren. Dann das Mehl portionsweise dazugeben und verkneten, sodass ein geschmeidiger Teig entsteht. (Ein türkischer Bäcker sagte, er sollte sich anfühlen wie ein Ohrläppchen.) Den Teig mit einem nassen Tuch bedeckt 30 Minuten gehen lassen

Für die Füllung den Schafskäse fein zerbröseln. Die Petersilie waschen und trocken schütteln, die Blätter fein hacken und mit dem Schafskäse vermischen. Den Backofen auf 180 °C vorheizen.

Den Teig auf einer leicht bemehlten Arbeitsfläche nochmals kurz durchkneten und zu einer etwa 40 cm langen Rolle formen. Die Rolle gleichmäßig in etwa 20 Stücke schneiden, jeweils zuerst zu einer Kugel formen und dann flach drücken. Jeweils etwa 1 TL Käsefüllung in die Mitte geben und den Teig vom Rand aus über der Füllung gut zusammendrücken. Die gefüllten Poğaça sollten eiförmig sein. Mit etwas Abstand auf ein Backblech setzen, mit Eigelb bestreichen und Sesam darüberstreuen.

Die Poğaça im vorgeheizten Ofen 20 bis 30 Minuten goldbraun backen und am besten noch warm genießen.

MÜCVER

4 Portionen   **20 Min.** Vorbereitung   **10 Min.** Garzeit

Mücver ist eine von vielen Hundert verschiedenen türkischen Vorspeisen, den Meze. Durch den Einfluss der Völker des Osmanischen Reiches entwickelte sich eine sehr große Vielfalt, keine türkische Mahlzeit kommt ohne Vorspeisen aus. In der Istanbuler Küche der Wesire, höchster Beamter, waren bis zu 30 solcher Appetitanreger üblich.

Die leckeren Zucchinipuffer — ob kalt oder warm — schmecken besonders gut mit einer Joghurtsauce. Als Beilage können sie zu Lammfleisch und Bulgur gereicht werden.

Mücver:

1 Knoblauchzehe
500 g Joghurt
Salz
800 g kleine Zucchini
3 Frühlingszwiebeln
1 Bund Petersilie
1 Bund Dill
6 EL Mehl
2 EL Fetakäse
3 Eier
Pfeffer
100 ml Olivenöl

ZUBEREITUNG

Den Knoblauch schälen. Den Joghurt mit durchgepresstem Knoblauch verrühren und mit Salz würzen.

Die Zucchini putzen, waschen und grob raspeln. In ein Sieb geben und gut ausdrücken. Die Frühlingszwiebeln putzen, waschen und in dünne Ringe schneiden. Die Petersilie und den Dill waschen, trocken schleudern und fein hacken. Mehl, Fetakäse und Eier vermischen. Zucchini, Zwiebeln und Kräuter unterrühren. Mit Salz und Pfeffer abschmecken.

Das Olivenöl in einer Pfanne erhitzen. Die Gemüsemasse portionsweise hineingeben und die Puffer auf jeder Seite 2 bis 3 Minuten goldbraun braten. Auf Küchenpapier abtropfen lassen und heiß oder kalt mit dem Joghurtdip servieren.

KÖFTE

4 Portionen   **1 ½ Std.** Vorbereitung   **15 Min.** Garzeit

Ob Köfte, Kibbeh, Kofta, Meatballs, Steak haché, Klopse oder Maurerpraline – überall auf der Welt und in vielerlei Geschmacks- und Zubereitungsvariationen findet man Hackfleischklopse. Die türkischen Köfte können aus Hackfleisch mit Brot, aber auch mit Bulgur oder gekochten Linsen zubereitet werden. Wichtig ist dabei, dass sie richtig kräftig gewürzt sind und ihre typische spitze Eierform haben.

Man kann die Hackfleischmasse auch anderweitig verarbeiten, zum Beispiel indem man sie zwischen Kartoffelscheiben in eine Auflaufform schichtet, selbst gemachte Tomatensauce darübergießt und im Ofen überbackt. Der Fantasie sind keine Grenzen gesetzt.

Köfte:

1 große Zwiebel
1 Knoblauchzehe
½ Bund Petersilie
500 g Rinder- und Lamm-
hackfleisch (gemischt)
1 Ei
3 EL feiner Bulgur oder
Couscous
1 EL Gemüsebrühe
½ TL gem. Kreuzkümmel
3 EL Olivenöl
½ TL Chilipulver
Salz, Pfeffer
Olivenöl zum Braten

ZUBEREITUNG

Die Zwiebel und den Knoblauch schälen. Die Zwiebel auf einer Reibe grob reiben, den Knoblauch fein reiben. Die Petersilie waschen, trocken schütteln und die Blätter klein hacken. Zwiebel, Knoblauch und Petersilie zum Hackfleisch geben und mit Ei, Bulgur, Gemüsebrühe, Kreuzkümmel und Olivenöl verkneten. Mit Chilipulver, Salz und Pfeffer würzen und zugedeckt im Kühlschrank 1 Stunde ziehen lassen. Der Bulgur wird weich, die Masse insgesamt fester.

Aus der Hackfleischmasse kleine ovale Klopse formen und flach drücken. Das Hackfleisch klebt nicht an den Händen, wenn man die Hände vorher mit Öl einfettet.

Die Köfte in Olivenöl bei mittlerer Hitze in der Pfanne braten. Oder die Köfte zu länglichen Rollen formen, auf Holzspieße stecken und grillen. Mit Reis, Salat und Joghurtsauce servieren.

MERCIMEK ÇORBASI – ROTE-LINSEN-SUPPE

4 Portionen   **10 Min.** Vorbereitung   **25 Min.** Garzeit

Linsen zählen zu den ältesten Kulturpflanzen der Menschheitsgeschichte. Vermutlich wurden sie bereits vor über 10.000 Jahren im Nahen Osten angebaut. Sie zeichnen sich nicht nur durch ihren großen gesundheitlichen Wert aus — sie haben einen hohen Eiweiß- und Ballaststoffanteil —, sondern auch durch ihre unglaubliche Sortenvielfalt.

Es gibt braune Tellerlinsen, schwarze Belugalinsen, grüne Puy-Linsen, rotbraune Berglinsen und die roten und gelben Linsen, die besonders in der Türkei und in Indien beliebt sind. Diese Sorten sind bereits geschält, es gibt sie gespalten (halbiert) oder als ganze Linse zu kaufen. Eigentlich sind rote Linsen geschälte Berglinsen. Sie werden beim Kochen heller und in der Konsistenz schnell zu Brei. Das klassische Rezept der Rote-Linsen-Suppe fehlt auf keiner türkischen Menükarte.

Mercimek Çorbası:

200 g ganze rote Linsen
1 Zwiebel
2 Möhren
2 Kartoffeln
2 EL Olivenöl
2 EL Tomatenmark
Salz, Pfeffer
Zitronensaft
1 Zitrone
1 TL getrockneter Thymian
1 TL getrocknete Chiliflocken (nach Belieben)
3 Stiele Minze

ZUBEREITUNG

Die Linsen unter heißem Wasser abspülen. Die Zwiebel, die Möhren und die Kartoffeln schälen und klein schneiden. Das Olivenöl in einem großen Topf erhitzen und das Tomatenmark kurz anbraten. Das Gemüse dazugeben und andünsten. Die Linsen dazugeben, mit etwa 1 l Wasser ablöschen und zugedeckt 20 Minuten köcheln lassen, bis die Kartoffeln und die Linsen weich sind.

Anschließend mit dem Stabmixer pürieren. Mit Salz, Pfeffer, etwas Zitronensaft und Thymian abschmecken. Wer möchte, gibt noch Chiliflocken dazu. Die Minze waschen, hacken und auf die Suppe streuen. Eine Zitrone vierteln und jedem Gast einen Zitronenschnitz an den Tellerrand legen, so kann jeder so viel Zitronensaft dazugeben, wie er möchte. Dazu passt frisches Fladenbrot.

SIGARA BÖREĞI – FETARÖLLCHEN

40 Stück   **10 Min.** Vorbereitung   **5 Min.** Garzeit

Sigara Böreği sind gefüllte Teigröllchen, die aussehen wie Zigarren. Als Hauptmahlzeit isst man sie warm, am besten mit einem bunten Sommersalat aus Tomaten, Gurken und Blattsalaten. Sie schmecken aber auch prima kalt und sind daher ideal zum Mitnehmen für die Schule. Kinder verputzen bestimmt fünf bis sieben Böreği auf einmal, für erwachsene Hungrige sollten es etwa acht Stück pro Person sein.

Man kann sie nur mit Feta, mit Feta und Petersilie oder auch mit Hackfleisch füllen und anschließend frittieren. Wer's nicht so fett mag, kann sie auch nur mit Eigelb bestrichen im Ofen bei 200 °C backen, bis sie goldbraun sind. Sigara Böreği sind das ideale Partyfood!

Sigara Böreği:

½ **Bund Petersilie**
400 g Fetakäse
40 dreieckige Yufka-Teigblätter
Öl zum Frittieren

ZUBEREITUNG

Die Petersilie waschen, trocken schütteln und klein hacken. Den Schafskäse zerbröckeln und die Petersilie mit einer Gabel gut unterrühren.
Die Yufka-Teigblätter mit der breiten Seite nach unten auf den Küchentisch legen. Ein walnussgroßes Häufchen Schafskäse an die untere, breitere Seite eines jeden Teigdreiecks setzen, den Teig in die Länge ziehen und von beiden Seiten etwas einklappen – so fällt die Füllung nicht heraus. Dann von der Breitseite nach oben zur Spitze hin fest aufrollen. Die Spitze mit kaltem Wasser bestreichen und gut andrücken.
Alle Böreği in einer Pfanne mit reichlich Öl 5 bis 6 Minuten goldbraun frittieren, dabei mehrfach wenden.

TULUMBA TATLISI

10 Portionen   **45 Min.** Vorbereitung   **5 Min.** Garzeit

Die opulente Vielfalt der türkischen Küche zeigt sich auch bei den Desserts: Während es bei uns Nonnenfürzchen gibt, haben türkische Desserts so märchenhafte Namen wie Engelshaar oder Nachtigallennest. Tulumba Tatlısı dagegen bedeutet schlicht „Spritzgebäck in Zuckersirup", ist aber eine sehr begehrte und bekannte Süßigkeit, die nach dem Frittieren in Zuckersirup getunkt wird. Obwohl die Zubereitung etwas zeitaufwendig ist und die kleinen Spritzkuchen nicht unbedingt in einen Diätplan passen, lohnt es sich auf jeden Fall, sich mit diesem Rezept ein Stück Türkei nach Hause zu holen.

Tatlısı:

½ **Zitrone**
750 g **Zucker**
1 TL **Zucker**
Salz
250 g **Mehl**
100 g **Butter**
4 **Eier**
1 l **Öl zum Ausbacken**

ZUBEREITUNG

Die Zitrone auspressen. Aus ½ l Wasser und 750 g Zucker einen Sirup kochen, mit Zitronensaft abschmecken und 10 Minuten einkochen lassen. Den Schaum abnehmen und den Sirup erkalten lassen.

Die Butter in einem Topf erhitzen und mit dem Zucker und 1 Prise Salz verrühren. Das Mehl einrieseln lassen und alles gut rühren, sodass keine Klümpchen entstehen. Nach und nach ¼ l Wasser dazugeben und unter Rühren bei mittlerer Hitze zum Kochen bringen.

Den Teig 10 Minuten unter Rühren köcheln, dann erkalten lassen. Anschließend die Eier nach und nach zum Teig geben und 10 Minuten gut durchkneten. Die Teigmasse in einen Spritzbeutel mit großer Sterntülle füllen.

In der Zwischenzeit das Öl in einer Fritteuse oder einem großen Topf erhitzen. Den Teig mit dem Spritzbeutel in fingerlangen Stücken in das heiße Öl spritzen und 2 bis 3 Minuten backen – die Stücke sollen von allen Seiten gleichmäßig braun sein. Die Spritzkuchen mit einem Schaumlöffel aus dem Fett nehmen, abtropfen lassen und in den Zuckersirup geben. Nach 10 Minuten die Spritzkuchen aus dem Sirup nehmen, kurz abtropfen lassen und servieren.

BERLIN, HAMBURG, MÜNCHEN & CO.

MIT FOODTRUCKS DURCHS LAND

Großstadttrend der Stunde: Imbiss mit Anspruch

Deutschlands Streetfood-Barometer meldet: regional und am liebsten bio

Billig, langweilig oder fettig, diese Eigenschaften waren in Deutschland lange Zeit mehr als nur ein Klischee für schnelles Essen — aber für das Geschmacksempfinden vieler trotzdem scheinbar gut genug, um sich in Mittagspausen oder im Vorübergehen mit einer Mahlzeit auf die Hand zu versorgen. Für deren Herstellungsweise kommen in der Regel Fritteusen oder Mikrowellen zum Einsatz, als Ausgangsprodukte dienen oft Tiefkühlware und Fertigprodukte.

Snacks mit Fantasie

Es geht auch anders: Die Ringlers, das sind Martin und Valerie. Er kellnert, sie kocht. Im Jahr 2012 haben die beiden mitten in München, in der Sendlinger Straße, einen Imbiss der ganz besonderen Art eröffnet: Im Stehen kann man da indisches Linsen-Dal essen, aber auch Fleischpflanzerl oder einen Erbseneintopf mit Speck. Doch nicht genug, es gibt noch die Grillstation, da kommen in Sandwiches Ochsenfetzen, Ziegenkäse, Salsiccia mit Rucola und als Highlight eine sensationelle Grillsauce. Das Fleisch stammt aus einer Metzgerei in Wasserburg, ist also regional. Das alles scheint gut anzukommen: Im Sommer verteilen sich die Esser rund um das Lokal und mampfen genüsslich vor sich hin.

Kulinarischer Sinneswandel

Und es zeigt: Die Zeiten, in denen man auf Deutschlands Straßen nur fettige Pizza oder Leberkäs- und Schnitzelsemmeln auf die Hand bekam, sind endgültig passé. Zukunftsweisenden, meist kleinen Unternehmen wie Ringlers ist es zu verdanken, dass endlich auch unsere Imbissbuden offen sind für Kulinarisches aus aller Welt, für Experimente abseits des klassischen Fastfoods, das einem schwer im Magen liegt.

Unterwegs mit dem Foodtruck

Doch nicht nur Münchner profitieren von ihren Kreationen. Seit einiger Zeit besitzen Martin und Valerie einen Foodtruck, damit sind sie mobil und können angrillen, wo es ihnen beliebt. Alles ist super organisiert und hochprofessionell. Die Straßenköche, die in den Trucks von Brooklyn grillen, kämen aus dem Staunen nicht mehr heraus, würden sie des schwarzen „Ox-Grills" ansichtig werden.

Hauptstadt der Vegetarier

Während der Bayer noch gern zu Fleisch greift, ist es in Berlin ein wenig anders. Berlin ist die Hauptstadt der Vegetarier und sicher auch der Veganer. Trotz der Currywurst, die immer noch an jeder Ecke portioniert und mit selbst gemachten rot-gelben Saucen angeboten wird, trotz der Döner-Imbisse und der Broiler-Grillstationen, haben sich Berliner Foodtrucks auf fleischfreie Gerichte spezialisiert. In der Markthalle IX in der Kreuzberger Eisenbahnstraße, einer von einst 14 städtischen Markthallen, werden Lebensmittel angeboten. Doch einmal in der Woche, immer donnerstags, ist Street Food Day. In dem lichtdurchfluteten Backsteingebäude aus dem 19. Jahrhundert haben Anbieter von Speisen mit, klar, regionalen Produkten Vorrang. Und so kann man da von mobilen Speisewagen ein heimatliches Pastinakenpüree bekommen oder Käseburger aus Mecklenburg.

Gemüseparadies in alten Industriehallen

Take-away-Stationen gibt es auch auf dem RAW-Gelände in Friedrichshain, direkt an der Warschauer Brücke. Eigentümer dieses Areals war früher die Deutsche Bahn, RAW ist auch die Abkürzung von Reichsbahnausbesserungswerk. Jeden Sonntag findet dort in einigen der Industriehallen der Village Market statt, hier wird gezeigt, wie aufregend und exotisch die mobile Küche sein kann. Sämtliche Gemüsesorten aus Vietnam, Thailand, Indien und Japan wurden neu kombiniert. Man kann die Sachen aber nicht nur auf Holzbänken essen: Wenn das Wetter mitspielt, sind auch hier wie in Brooklyn Paletten rund um die Halle verteilt, die zum Sitzen einladen. Als ich da war, schien die Streetfood-Welt noch in Ordnung zu sein, doch dann hatten die Betreiber plötzlich Schwierigkeiten mit dem Brandschutz. Heute weiß keiner genau, wie es mit dem Village Market weitergeht. Es heißt aber, dass er nicht vollkommen geschlossen werden soll, Teile der Hallen sollen zu Studentenwohnungen umgebaut werden. Keine schlechte Kombination, denn Studenten haben immer Hunger, und Studenten suchen auch immer Arbeit.

Take away digital

 Berlin steht nicht nur vegetarisch an vorderster Stelle, es hat auch mit die meisten Foodtrucks, die mittags und abends auf Rädern unterwegs sind. Alles ohne genauen Fahrplan, mal sind sie hier, mal dort. Fans — und es gibt davon eine Menge — verfolgen alles auf Facebook, dadurch weiß man, was und wo gerade etwas läuft, die digitale Welt ist eben eine perfekte Gerüchteküche. Man muss also nur ins Netz schauen, wenn man zu den Trendigen gehören will: Bei „strEats" bekommt man vegane Burger, beim „Heißen Hobel" handgemachte Allgäuer Kässpatzen, die „dollen Knollen" locken mit Bio-Kartoffelpuffern und „Fish2go" mit Backfisch-Burgern. Die Trucks wurden vielfach in den USA gekauft, sind zum Teil aus Aluminium und haben das Aussehen wie Miniatur-Diners. Manche sind sogar mit Flatscreens ausgestattet, auf denen wichtige Fußballspiele, Live-Mitschnitte von Berliner Bands oder hippe YouTube-Videos gezeigt werden.

Immer am Puls der Zeit

„Warum bist du gerade hier gelandet?", frage ich eine etwa Zwanzigjährige mit langen glatten blonden Haaren an einem Taco-Foodtruck (hin und wieder was Vegetarisches ist ja schön und gut, aber dann muss auch wieder eine Fleischfüllung her), die auf ihrem Smartphone etwas im Schnellverfahren eintippt. „Weil alle meine Freunde hier essen", sagt sie, ohne wirklich von ihrem Handy-Display aufzuschauen. Irritiert blicke ich um mich, nirgendwo sehe ich in unmittelbarer Nähe Menschen, die ihre Freunde sein können. Sie steht ganz allein an einem wackeligen Tisch, auf dem eine Flasche mit mexikanischem Bier steht. Ich äußere meine Bedenken laut. Kurz schaut sie zu mir hoch. „Die werden gleich hier sein. Ich benachrichtige gerade alle, damit wir uns hier treffen. Danach gehen wir in einen Club um die Ecke, da soll ein tolles Konzert stattfinden."

Marktlücke gefunden

Das hatte ich mir noch gar nicht so richtig klargemacht: Mobile Trucks — das bedeutet, dass sie sich dort einfinden können, wo gerade die angesagtesten Partys und coolsten urbanen Events stattfinden, die man sich partout nicht entgehen lassen will. Kein Wunder, dass auch viele der Foodtrucks ein Catering für eine gelungene Veranstaltung anbieten, andere haben sich darauf spezialisiert, mit rollenden Cocktailbars durch die Gegend zu ziehen oder mit einem Bier-Truck, wo nur Biere aus kleinen Brauereien ausgeschenkt werden. Häufig mit Ingwer gebraut, darauf stehen besonders die veganen Foodfreaks.

Essen auf Rädern mit Eintritt

Essen auf Rädern ist auch in Nürnberg beliebt. Sogar so beliebt, dass es dort auf dem Messegelände der Stadt zu einem „RoundUp" kommt: Alljährlich treffen sich vor den Ausstellungshallen um die 20 Foodtrucks und verkaufen aus ihren umgebauten Wagen über eine Ladenklappe die verschiedensten Gerichte. Unter Decknamen wie „Guerilla Gröstl" oder „Past Laster" kann man da Schäufela im Weggla, Bratkartoffeln nach Geheimrezept oder frisch zubereitete Nudelgerichte probieren. Alles regional, alles kerngesund in Bio-Qualität. Im Netz ist auch das alles zu verfolgen, auf der Website: foodtrucksdeutschland.de. Was ich aber immer noch nicht fassen kann: Bei diesem Foodfestival der ungewöhnlichen Art wird Eintritt verlangt. Das kann nur Deutschland sein.

CURRYWURST

4 Portionen   **35 Min.** Vorbereitung   **5 Min.** Garzeit

Die Currywurst, das Berliner Streetfood schlechthin, ist und bleibt Kult. Der Trend geht allerdings zur Edel- und Biowurst, mal mit Blattgold, mal vegan aus Seitan. Die Currywurst ist jedoch nicht mehr das beliebteste Straßenfutter in Deutschland.

Ganz vorne liegt heute die Pizza, erst dann folgen Sandwich und schließlich auf dem fünften Platz die Currywurst — und den muss sie sich auch noch mit der Bratwurst teilen. Egal, wir lieben sie, und mit der richtigen Sauce ist das Ganze ein Genuss vom anderen Stern — hier gibt es gleich zwei Saucen zur Auswahl.

Currywurst mit scharfer Sauce:

40 g Ingwer
1 Zwiebel
1 rote Paprikaschote
1 EL Sonnenblumenöl
50 g Zucker
3 EL Rotweinessig
3—4 EL Currypulver
400 ml Tomatenketchup
4 Würste (z. B. Rindsbratwurst, Brühwurst oder Bockwurst)
4 Brötchen

Fruchtige Sauce:

1 Zwiebel
1 EL Sonnenblumenöl
1 EL Tomatenmark
100 ml Orangensaft
500 g geschälte Tomaten (aus der Dose)
2 EL Aprikosenmarmelade
½ TL Cayennepfeffer
1 TL Rosenpaprikapulver
1 TL Worcestershiresauce
Salz, Pfeffer

ZUBEREITUNG

Für Currywurst mit scharfer Sauce den Ingwer schälen und reiben. Die Zwiebel schälen und in kleine Würfel schneiden. Die Paprika putzen, waschen und in kleine Würfel schneiden. Das Öl in einem kleinen Topf erhitzen und die Zwiebel darin anbraten. Die Paprika, den Ingwer und Zucker dazugeben und verrühren. Mit Rotweinessig ablöschen, Currypulver und Tomatenketchup unterrühren. Bei mittlerer Hitze 4 bis 5 Minuten köcheln lassen, dabei immer wieder umrühren, da die Sauce leicht anbrennt.
Die Würste schräg anritzen und in einer Pfanne in etwas Öl braten oder frittieren. Wer will, macht sich Pommes dazu. Der Sauce nach Belieben mit etwas Chilisauce mehr Schärfe geben.
Die Currywurst in Stücke schneiden und mit der Sauce servieren. Mit Currypulver bestäuben. Dazu jeweils 1 Brötchen servieren.

Für die fruchtige Sauce die Zwiebel schälen und sehr fein würfeln. Das Öl in einem Topf erhitzen und die Zwiebel darin bei mittlerer Hitze andünsten. Das Tomatenmark dazugeben, kurz anrösten und mit Orangensaft ablöschen. Die Tomaten mit dem Stabmixer pürieren, in den Topf geben, unterrühren und kurz aufkochen lassen. Die Marmelade und alle restlichen Gewürze unter Rühren dazugeben. Die Sauce bei schwacher Hitze 30 Minuten köcheln lassen, ab und zu umrühren.
Die Sauce mit Salz und Pfeffer abschmecken. Eventuell etwas Zitronensaft dazugeben, falls die Sauce zu süß sein sollte.
Die Sauce passt außer zu Currywurst auch gut zu Gegrilltem und ist ein feiner Dip auf Brot oder zu Kartoffel- und Gemüsepommes (siehe S. 114). Sie lässt sich verschlossen 1 Woche im Kühlschrank lagern.

VEGGIE BURGER

4 Portionen   **35 Min.** Vorbereitung   **5—8 Min.** Garzeit

Nicht nur Vegetarier, auch Flexitarier und Allesesser mögen Veggie Burger. Dies ist ein Rezept für einen wunderbar saftigen, gesunden, bekömmlichen und geschmackvollen Burger ohne die sonst oft verwendeten Ersatzprodukte, die Fleischtextur oder Fleischgeschmack imitieren.

Mit diesem Burger punktet man bei seinen Freunden. Zwar etwas aufwendig in der Herstellung, doch das gute Gewissen, keine Kreatur dabei gequält zu haben, außer vielleicht den Koch, macht alles wieder wett.

Veggie Burger:

250 g Grünkern

125 ml Gemüsebrühe

1 Zwiebel

1 Knoblauchzehe

120 g Möhren

2 Eier

3 EL Mehl

2 EL Paniermehl

Salz, Pfeffer

4 EL Öl

3 Tomaten

1 Zucchino

2 Bund Rucola

4 Brötchen

Hummus:

1 große Dose Kichererbsen
(ca. 500 g Abtropfgewicht)

2 Knoblauchzehen

2 Zitronen

2 EL Sesampaste (Tahina)

1 TL gem. Kreuzkümmel

½ TL Chilipulver

100 ml Mineralwasser
(mit Kohlensäure)

3—4 EL Olivenöl

ZUBEREITUNG

Für den Veggie Burger den Grünkern über Nacht in ½ l Wasser einweichen. Am nächsten Tag **für den Hummus** die Kichererbsen abgießen und abtropfen lassen. Den Knoblauch schälen, die Zitronen auspressen. Kichererbsen, Sesampaste, Knoblauch, Kreuzkümmel- und Chilipulver mit dem Mineralwasser und dem Olivenöl mit dem Stabmixer pürieren. Mit Salz würzen. Wenn die Konsistenz zu dick ist, etwas mehr Öl und Wasser dazugeben, bis eine cremige Konsistenz erreicht ist.

Den Grünkern mit Wasser und Brühe aufkochen und zugedeckt etwa 35 Minuten kochen. Ab und zu umrühren. Inzwischen Zwiebel und den Knoblauch schälen, Möhren putzen und schälen. Zwiebel und Möhren fein reiben, Knoblauch klein hacken.

Das Gemüse zum Grünkern geben, kurz mitkochen und abkühlen lassen. Eier, Mehl und Paniermehl zur Grünkernmasse geben und alles gut vermischen. Kräftig mit Salz und Pfeffer würzen. Mit angefeuchteten Händen mehrere Bratlinge daraus formen. 3 EL Öl in einer beschichteten Pfanne erhitzen und die Bratlinge darin portionsweise auf jeder Seite 2 Minuten goldbraun braten.

Die Tomaten waschen, 2 Tomaten in Scheiben schneiden. Die restliche Tomate in kleine Würfel schneiden und leicht salzen und pfeffern. Zucchino putzen, waschen und schräg in Scheiben schneiden. Im restlichen Öl braten, danach salzen und pfeffern. Rucola waschen und trocken tupfen. Die Brötchen aufschneiden, im Ofen erwärmen und leicht rösten. Die Unterseiten mit Hummus bestreichen und mit Rucolablättern belegen. Die gewürfelten Tomaten daraufgeben und jeweils 1 Gemüsebratling und darauf abwechselnd Tomaten- und Zucchinischeiben legen. Die oberen Brötchenhälften wieder mit Hummus bestreichen und darauflegen. Nach Belieben mit Zahnstochern befestigen. Falls noch Hummus übrig ist, kann er auch zu den Falafels von Seite 61 serviert werden.

ZIEGENKÄSEBROT & HÄHNCHEN-SANDWICH

Je 2 Portionen   **10 Min.** Vorbereitung

In keinem anderen Land auf der Welt gibt es so unglaublich viele verschiedene Brotsorten wie hierzulande. Die Deutschen lieben Vollkornbrot aus Sauerteig, kräftiges Holzofenbrot oder Brot aus Dinkel-, Roggen- oder Kartoffelteig. Es gibt über 300 verschiedene Sorten, und am liebsten werden die dunklen gegessen.

So vielfältig wie die Auswahl der Brotsorten sind auch die Möglichkeiten, sie zu belegen. Neben schlichten Salami- oder Käsebroten mit einem Salatblatt sind der Fantasie keine Grenzen gesetzt. Hier einige Vorschläge, die aus dem Sandwich fast ein Gourmethäppchen machen und jedes Fast-Food-Baguette in den Schatten stellen. Experimentieren bringt Abwechslung!

Ziegenkäsebrot:

4 große Scheiben dunkles Holzofenbrot
120 g Ziegenkäse
2 Feigen (oder 1 Apfel)
1 Handvoll Rucola
2 EL Feigenmarmelade (oder Feigensenf)

Hähnchen-Sandwich:

200 g kalte, gegarte Hähnchenbrust
2 EL Frischkäse
1 EL Orangensaft
1 TL Currypulver
Salz, Pfeffer
4 Scheiben Dinkelbrot
1–2 Stangen Staudensellerie
1 Kästchen Kresse

ZUBEREITUNG

Für das Ziegenkäsebrot die Brotscheiben toasten. Den Ziegenkäse in Scheiben schneiden. Die Feigen in Scheiben schneiden (Den Apfel waschen, entkernen und in Scheiben schneiden). Den Rucola waschen und trocken schütteln. 2 Brotscheiben mit dem Ziegenkäse belegen, die Feigen (oder Apfelscheiben) darauflegen und mit dem Rucola garnieren. Die restlichen Brotscheiben auf einer Seite großzügig mit Feigenmarmelade (oder Feigensenf) bestreichen und auf die belegten Scheiben legen.

Für das Hähnchen-Sandwich die Hähnchenbrust in dicke Scheiben schneiden. Den Frischkäse mit Orangensaft, Currypulver, Salz und Pfeffer vermischen und abschmecken. Die Hälfte der Masse auf 2 Brotscheiben streichen. Den Sellerie putzen, waschen und in dünne Scheiben schneiden. Auf den Frischkäse streuen. Die Hähnchenscheiben darauflegen, mit Salz und Pfeffer würzen.
Die übrigen Brotscheiben mit der restlichen Frischkäsemischung bestreichen. Die Kresse mit einer Schere vom Beet schneiden, waschen, trocken tupfen und auf dem Frischkäse verteilen. Die Brotscheiben zusammenklappen.

QUICHE

4 Portionen   **20 Min.** Vorbereitung   **45 Min.** Garzeit

Die Quiche hat mittlerweile in Deutschland in sehr vielen Cafés Einzug gehalten, meistens wird sie vegetarisch angeboten, seltener als klassische elsässische Quiche lorraine mit Lauch und Speck. Traditionell verwendet man Mürbteig, der in einer Tarte- oder Springform ausgelegt und zuerst einmal blind gebacken wird. Bei dieser zeitraubenden Methode bleibt der Teigboden flach, während der Rand hochgeht.

Wir stellen hier eine schnelle und leckere Alternative vor, sozusagen das Rezept einer Blitz-Quiche. In jedem Supermarkt bekommt man fertigen Blätterteig zu kaufen. Damit ist es ziemlich simpel, eine Quiche zu machen, auch passt der luftig-blättrige Teig sehr gut zur zarten Füllung.

Quiche:

4 Eier
100 ml Milch
200 g Sahne
Salz, Pfeffer
geriebene Muskatnuss
1 kleine Stange Lauch
1 Packung Blätterteig
(ca. 275 g; aus dem
Kühlregal)
3 Birnen
100 g Gorgonzola

ZUBEREITUNG

Den Backofen auf 200 °C vorheizen. Die Eier, die Milch und die Sahne gut verquirlen und mit Salz, Pfeffer und Muskatnuss kräftig würzen.

Den Lauch putzen, waschen und in feine Streifen schneiden. Eine Spring- oder Quicheform einfetten. Den Blätterteig in die Form legen und einen etwa 3 cm hohen Rand hochziehen. Den Boden mit einer Gabel mehrmals einstechen. Die Lauchstreifen auf den Teig geben, salzen und pfeffern.

Die Birnen schälen, vierteln, entkernen und klein schneiden. Den Gorgonzola in Würfel schneiden. Birnen und Käse auf dem Lauch verteilen und die Eiermasse darübergießen.

Die Quiche im Ofen auf der mittleren Schiene 40 bis 45 Minuten backen. Falls sie zu schnell bräunt, mit Alufolie abdecken. Die Quiche etwas abkühlen lassen und in Stücke schneiden. Lauwarm schmeckt sie am besten. Dazu passt ein gemischter Blattsalat mit fruchtigem Dressing.

OCHSENFETZENSEMMEL

2 Portionen   **20 Min.** Vorbereitung   **3 Min.** Garzeit

Die Ochsenfetzensemmel ist nicht nur auf dem Oktoberfest in München eine ganz besonders gute Version von Fleisch-im-Brot und eine Alternative zur Leberkässemmel. Inzwischen gibt es sie auch bei Metzgerei-Imbissen und an den in Großstädten trendigen mobilen Küchen — den Foodtrucks.

Ochsen werden aufgrund ihres sehr hochwertigen, gut marmorierten Fleisches gehalten. Es hat einen höheren Fettgehalt, ist zarter und wesentlich aromatischer als Jungbullenfleisch, deshalb ist es auch zum Grillen bestens geeignet. Der raffinierte Geschmack ist allerdings bei diesem Rezept der Marinade zu verdanken.

Marinade:

1 Knoblauchzehe
einige Pimentkörner
1 TL Thymianblättchen
½ TL getrockneter Majoran
abgeriebene Schale von
½ unbehandelten Zitrone
150 ml Olivenöl
Pfeffer

Ochsenfetzensemmel:

300 g fettarmes Ochsen-
fleisch (am besten Lende)
¼ Eisbergsalat
1 Tomate
1 kleine Zwiebel
1 EL Olivenöl
1 TL Weißweinessig
2 TL scharfer Senf
Salz, Pfeffer
1 EL Mayonnaise
1 TL Ketchup
1 TL Zitronensaft
2 Kaisersemmeln (oder
andere Brötchen)

ZUBEREITUNG

Am Vortag **für die Marinade** den Knoblauch schälen und hacken. Die Pimentkörner im Mörser zerstoßen. Den Thymian waschen und trocken schütteln. Knoblauch, Piment, Thymian, Majoran und Zitronenschale mit dem Olivenöl verrühren. Mit Pfeffer würzen.

Für die Ochsenfetzensemmel das Fleisch in hauchdünne Scheiben schneiden (am besten mit einer Schneidemaschine) und noch mal dünn klopfen. Die Ochsenfetzen in der Marinade über Nacht im Kühlschrank zugedeckt ziehen lassen.

Am nächsten Tag den Eisbergsalat in dünne Streifen schneiden, waschen und abtropfen lassen. Die Tomate waschen, die Zwiebel schälen. Die Tomate in kleine und die Zwiebel in feine Würfel schneiden. Olivenöl, Weißweinessig, 1 TL Senf, Salz und Pfeffer zu einem würzigen Dressing verrühren. Tomaten-, Zwiebelwürfel und Eisbergsalat untermischen. Die Mayonnaise, den Ketchup, 1 TL Senf und den Zitronensaft zu einer Sauce verrühren, salzen und pfeffern. Die Semmeln aufschneiden. Die Ochsenfetzen aus der Marinade nehmen und in einer Pfanne auf jeder Seite etwa 30 Sekunden ohne Fett braten. Die Semmeln aufschneiden, mit der Sauce auf beiden Seiten bestreichen. Den Salat mit dem Dressing auf die unteren Hälften verteilen und das Fleisch darauflegen. Die Semmeln zusammenklappen.

FLAMMKUCHEN

8 Portionen   **1 Std.** Vorbereitung   **15 Min.** Garzeit

Der aus dem Elsass stammende Flammkuchen wird aus Roggenmehl und Sauerteig gemacht und schmeckt nicht nur besser, Sauerteig ist auch viel verträglicher als normaler Brotteig. Der Name des dünnen Teigfladens stammt von den züngelnden Flammen im Ofen, wenn er zum Brotbacken angeheizt wurde und die notwendige Temperatur noch nicht erreicht hatte.

Auch sehr lecker als Alternative zum Klassiker mit Schmand, Zwiebeln und Speck: Flammkuchen mit Ziegenfrischkäse, Rosmarin und Kürbisspalten. Dazu passt Federweißer oder ein frischer, junger Weißwein.

Flammkuchen:

600 g Weizenmehl
200 g Roggenvollkornmehl
Salz
1 Würfel Hefe (42 g)
100 g Natursauerteig
(Fertigprodukt)
3 Zwiebeln
600 g Schmand
Pfeffer
500 g dünne Baconstreifen
1 Bund Schnittlauch

ZUBEREITUNG

Weizen- und Roggenmehl in einer großen Schüssel mit 1 TL Salz mischen, eine Mulde in die Mitte drücken. Die Hefe zerbröckeln und mit ¼ l lauwarmem Wasser verrühren, mit dem Sauerteig mischen und in die Mulde gießen. Den Teigansatz 15 Minuten zugedeckt gehen lassen.

Nach und nach noch lauwarmes Wasser (maximal 100 ml) zum Mehl geben und alles zu einem glatten, festen Teig verkneten. Zugedeckt an einem warmen Ort erneut 45 Minuten gehen lassen.

Die Zwiebeln schälen und in kleine Würfel schneiden. Mit dem Schmand verrühren und mit Salz und Pfeffer abschmecken.

Den Backofen auf 220 °C vorheizen. Zwei Bleche mit Backpapier belegen. Den Teig in 8 Portionen teilen und hauchdünn ausrollen, dann jeweils 2 Teigportionen auf ein Backblech legen. Mit der Schmandmischung bestreichen, den Speck daraufflegen und im Ofen 12 bis 15 Minuten backen. Den Schnittlauch waschen, trocken schütteln und in Röllchen schneiden. Den Backvorgang mit den restlichen Teigportionen wiederholen.

Die Flammkuchen nach dem Backen mit Schnittlauch bestreuen und sofort servieren.

KARTOFFELPUFFER

4—5 Portionen   **30 Min.** Vorbereitung   **15 Min.** Garzeit

Kartoffelpuffer, Reibekuchen, Reiberdatschi, Kartoffelplätzchen … Jede Region nennt sie anders. Rievkooche heißen die Reibekuchen in Köln und sind dort allgegenwärtig, wann auch immer man Essen an kleinen Ständen angeboten bekommt. Der Kölner isst sie auch gerne mit zwei Esslöffeln Rübenkraut und einer gebutterten Schwarzbrotscheibe.

Hauptzutat der Reibekuchen sind geschälte, rohe und geriebene Kartoffeln. Anschließend wird die Masse leicht ausgedrückt und mit Ei und Mehl zu einem dünnen Teig vermengt. Die mit Salz und Muskat gewürzte Masse wird in Fett zu Kartoffelplätzchen ausgebacken. Unser Rezept mit geräuchertem Lachs ist die Premium-Version, zum Beispiel an Weihnachten als Vorspeise oder ganz klein als Canapé. Klassisch gibt's die Kartoffelpuffer überall in Deutschland mit Apfelmus.

Puffer:

1 kg Kartoffeln
1 Ei
2 TL Mehl
Salz, Pfeffer
geriebene Muskatnuss
1 Zwiebel
400 ml Sonnenblumenöl
oder Butterschmalz

Belag:

200 g Crème fraîche
Zitronensaft
Salz, Pfeffer
10 Scheiben geräucherter
Lachs (oder Wildlachs)
100 g Preiselbeerkonfitüre

ZUBEREITUNG

Für die Puffer die Kartoffeln schälen, waschen, trocken tupfen und auf einer Reibe fein reiben. Sind die geriebenen Kartoffeln sehr feucht, die Masse in ein sauberes Tuch geben und gut ausdrücken. Die Kartoffeln mit Ei, Mehl, Salz, Pfeffer, 1 Prise Muskatnuss verrühren. Die Zwiebel schälen und dazureiben. Den Kartoffelteig vor dem Braten nicht lange stehen lassen, er wird schnell braun.

Den Backofen auf 100 °C vorheizen. Das Fett zum Braten muss richtig heiß sein, darum am besten hoch erhitzbares Öl oder Butterschmalz nehmen und 1 cm hoch in einer beschichteten Pfanne erhitzen. 2 EL Kartoffelteig ins heiße Fett geben und zu einem handtellergroßen, runden Puffer verstreichen. Immer nur so viele Puffer in die Pfanne geben, dass sie sich nicht berühren. Die Puffer von beiden Seiten goldbraun braten. Dann herausnehmen und auf Küchenpapier abtropfen lassen. Im Backofen warm halten, bis alle Puffer fertig gebacken sind.

Für den Belag die Crème fraîche mit etwas Zitronensaft verrühren, mit Salz und Pfeffer würzen. Die Kartoffelpuffer mit je 1 Scheibe Lachs und 1 Klecks Crème fraîche garnieren und 1 TL Preiselbeerkonfitüre daraufsetzen. Alternativ dazu die Kartoffelpuffer mit Apfelmus servieren.

CRÊPES

6 Portionen   **25 Min.** Vorbereitung   **12 Min.** Garzeit

Crêpes, Pfannkuchen oder Pancakes — alle lieben diese süßen Sünden am Büdchen auf der Straße, als Dessert im Restaurant und auch zu Hause. Diese ehemals französische Spezialität hat
heute den Weg in die ganze Welt gefunden. Der klassische Crêpes-Teig an sich ist fast neutral
im Geschmack, aber für Franzosen gibt es entweder süße Crêpes oder herzhafte Galettes, die
bretonischen Buchweizenpfannkuchen. Außerhalb Frankreichs sieht man das nicht so eng, wir
belegen Crêpes auch gerne herzhaft — Hauptsache, sie sind lecker.

Wichtig bei der Crêpes-Herstellung ist vor allem, dass der Teig hauchdünn wird und nach dem
Belegen nicht gerollt, sondern gefaltet wird. Darauf kann man dann auch noch Frucht- oder Schokoladensauce geben. Oder Schlagsahne — oder beides.

Crêpes:

100 g Mehl
100 ml Milch
100 ml Mineralwasser
(mit Kohlensäure)
1 Ei
Salz
geriebene Muskatnuss
50 ml Öl

ZUBEREITUNG

Das Mehl, die Milch, das Mineralwasser, das Ei sowie 1 Prise Salz und Muskatnuss zu einem glatten Teig verrühren.
Den Teig 10 Minuten quellen lassen. Eine kleine beschichtete Pfanne dünn
mit Öl auspinseln und erhitzen. Eine Teigportion dünn in der Pfanne verteilen und auf beiden Seiten hellbraun backen. Auf diese Weise nacheinander 6 dünne Crêpes backen.

Süß füllen kann man sie z. B. mit Schokoladencreme und Erdbeeren, mit
Butter, Zimt und Zucker, mit Aprikosenkonfitüre und Cointreau oder mit
Bananenscheiben, Sahne und Eierlikör.
Herzhafte Füllungen bestehen oft aus Schinkenscheiben und Emmentaler
oder Feta, Oliven und Tomaten, aus Frischkäse, Haselnüssen und grünen
Spargelstückchen oder Blattspinat, Pinienkernen und Pecorino.

109

BOSNA

2 Portionen   **15 Min.** Vorbereitung   **3–5 Min.** Garzeit

Die Bosna heißt so, weil „bosnisch" in Österreich auch „gut gewürzt" bedeutet und die Wurst im Gegensatz zum eher milden Hot Dog hier mit Zwiebeln, Senf und Currysauce ziemlich scharf daherkommt. Auch grenzübergreifend, zum Beispiel rund um den Chiemsee, ist die Bosna beliebt.

In Salzburg, in einer Seitengasse der Getreidegasse, ist die Bosna erfunden worden und schon lange kein Geheimtipp mehr, mittags muss man lange anstehen. Solange man sich in der Bestellung an eine klassische Bosna hält, braucht man keine spitzen Bemerkungen fürchten. Aber wer mag, gönnt sich mal den Spaß und bestellt eine Bosna mit Ketchup …

Bosna:

4 EL Mayonnaise
1 TL Currypulver
½ TL edelsüßes Paprikapulver
Salz, Pfeffer
½ Bund Petersilie
1 Zwiebel
4 dünne Bratwürste
Öl
2 Baguettebrötchen
6 TL scharfer Senf

ZUBEREITUNG

Aus Mayonnaise, Curry- und Paprikapulver, Salz und Pfeffer eine Sauce rühren. Die Petersilie waschen, trocken schütteln und die Blätter klein hacken. Die Zwiebel schälen und in Streifen schneiden.
Die Bratwürste in der Pfanne in etwas Öl knusprig braun braten.
Die Baguettebrötchen toasten und längs einschneiden, dann die unteren Hälften mit Senf bestreichen.
Die Zwiebelwürfel, die gehackte Petersilie und 1 bis 2 EL Sauce darauf verteilen. Jeweils 2 Würste nebeneinander in das Brötchen legen, zuklappen, reinbeißen.

FISCHBRÖTCHEN

2 Portionen   **3 Min.** Zubereitung

Brötchen mit Bismarckhering, Zwiebeln und Saure-Gurken-Scheiben gehören zu den beliebtesten Fischbrötchen. Wann und warum der saure Hering in den Bismarckhering umgetauft wurde, darüber gibt es erstaunlich viele kuriose Geschichten. Alles Quatsch, meint die Kulturhistorikerin Petra Foede, die das Buch „Wie Bismarck auf den Hering kam" schrieb.

Wahrscheinlich stimme keine dieser Anekdoten; vielmehr wäre es zur fraglichen Zeit üblich gewesen, alles Mögliche nach dem Reichskanzler zu benennen – zum Beispiel Türme, Schiffe – und so auch verschiedene Gerichte. Nach Petra Foede habe nur das Heringsgericht die Zeit überdauert und wird noch heute so genannt.

Fischbrötchen:

2 Brötchen
1 Gewürzgurke
½ rote Zwiebel
2 Bismarckheringe

ZUBEREITUNG

Die Brötchen halbieren und die Gewürzgurke in Scheiben schneiden. Zwiebel schälen und in Ringe schneiden. Die Heringe abtropfen lassen, auf die unteren Brötchenhälften legen und die Gurkenscheiben und die Zwiebelringe darauf verteilen. Die zweiten Brötchenhälften darauflegen.
Die sauren Gurken beim Bismarckhering können durch 2 EL Sauerkraut ersetzt werden.

Alternativen zum Heringsklassiker sind Fischbrötchen mit Räucherforelle und dünnen Apfelscheiben, frischem Dill und Frühlingszwiebeln oder aber auch Stremellachs mit Remoulade, hart gekochtem Ei und Rucola. Oder man legt geräucherte Makrele mit Sahnemeerrettich und Salat zwischen das Brötchen seiner Wahl. Hier geht es einfach nur darum, worauf man Lust hat und was einem persönlich schmeckt.

GEMÜSEPOMMES

4 Portionen   **20 Min.** Vorbereitung   **20 Min.** Garzeit

Vorbei mit langweiligen Pommes Schranke, Country Potatoes oder Wedges – jetzt gibt es Gemüse 2.0: Rote Bete, Süßkartoffeln, Möhren, Pastinaken und Petersilienwurzeln sind dafür bestens geeignet. Schnell geschnitzt, frittiert und dazu ein leckerer Dip mit ein paar Sesamsamen – eine sensationelle Beilage zu Steak. Obendrein ist das Ganze vegan und absolut korrekt, wenn das Grünzeug auch noch vom hiesigen Markt stammt und biologisch aufgezogen wurde. Hier eine Slowfood-Variante aus dem Ofen …

Frischkäse-Dip:

200 g Ziegenfrischkäse
1 EL Crème fraîche
Salz, Pfeffer
1 Bund Basilikum

Gemüsepommes:

2 Rote Beten
2 Möhren
1 Süßkartoffel
2 Pastinaken
2 Petersilienwurzeln
3 EL Olivenöl
Meersalz, Pfeffer

ZUBEREITUNG

Für den Dip den Ziegenfrischkäse mit Crème fraîche vermischen. Mit Salz und Pfeffer würzen. Das Basilikum waschen, trocken schütteln und die Blätter klein schneiden. In den Dip rühren.

Für die Gemüsepommes die Roten Beten schälen und in pommesähnliche Stifte schneiden. Die Möhren, die Süßkartoffel, die Pastinaken und die Petersilienwurzeln ebenfalls schälen, falls nötig waschen, und in gleich große Stifte schneiden. Den Backofen auf 175 °C (Umluft) vorheizen.
Das Gemüse auf ein mit Backpapier belegtes Backblech legen, mit Öl beträufeln und etwas vermischen. Im Ofen rund 20 Minuten backen.
Die Gemüsepommes herausnehmen, mit Meersalz und Pfeffer würzen und nach Belieben mit Sesamsamen bestreuen.
Die Gemüsepommes mit dem Dip als Beilage oder als Vorspeise servieren, dazu passt aufgebackenes Fladenbrot.

WAFFELN

4 Portionen   **15 Min.** Vorbereitung   **10 Min.** Backzeit

Waffeln gibt es seit dem Mittelalter, damals hatten sie als Hostien nur eine religiöse Funktion. Die Belgier haben sie erfunden und lieben ihren Waffelteig heute weich und mit vielen Eiern, die Lütticher mögen viel Butter und Hagelzucker in ihrem Teig. Das typische Erkennungsmerkmal einer jeden belgischen Waffel ist jedenfalls das tiefe Muster, das das Gebäck schnell gar werden lässt und auf dem die süßen Toppings nicht herunterfallen oder -fließen. Meist sind das Erdbeeren, Bananen, Sahne oder heiße Schokoladensauce. Oft wird auch Butter, Likör oder Sirup darübergeträufelt.

In deutschen Landen sind Waffeln auch schon lange überall äußerst beliebt. Früher konnte man sie vor allem an Buden auf Weihnachtsmärkten essen, heute findet die gute alte Waffel Einzug in Cafés, wo sie gern mit frischen Erdbeeren, Sahne und flüssiger Zartbitterschokolade serviert wird. Unser Rezept ist weniger aufwendig, dafür aber nicht weniger lecker.

Waffeln:

100 g weiche Butter
80 g Zucker
Salz
2 Eier
250 g Mehl
1 TL Backpulver
200 g Sahne
1 TL Vanillezucker
Zimtpulver
etwas Öl
Puderzucker zum Bestreuen
400 g Apfelmus

ZUBEREITUNG

Die Butter, den Zucker und 1 Prise Salz mit den Quirlen des Handrührgeräts 8 Minuten cremig rühren. Die Eier nacheinander unterrühren. Das Mehl und das Backpulver mischen und unterrühren.

Die Sahne leicht aufschlagen, dann den Vanillezucker und 1 Prise Zimt dazugeben und die Sahne steif schlagen.

Das Waffeleisen vorheizen und mit etwas Öl bepinseln. Je nach Waffeleisen 1 kleine Schöpfkelle Teig pro Waffel in das Eisen geben. Die Waffel etwa 2 Minuten backen, bis sie goldgelb ist und sich leicht vom Waffeleisen lösen lässt. Nacheinander alle Waffeln backen, bis der Teig aufgebraucht ist.

Mit Puderzucker bestreuen. 2 EL Apfelmus auf jede Waffel geben und dazu jeweils 1 Klecks von der Zimt-Sahne. Kalorienbewusste können die Sahne gut durch cremigen Joghurt ersetzen.

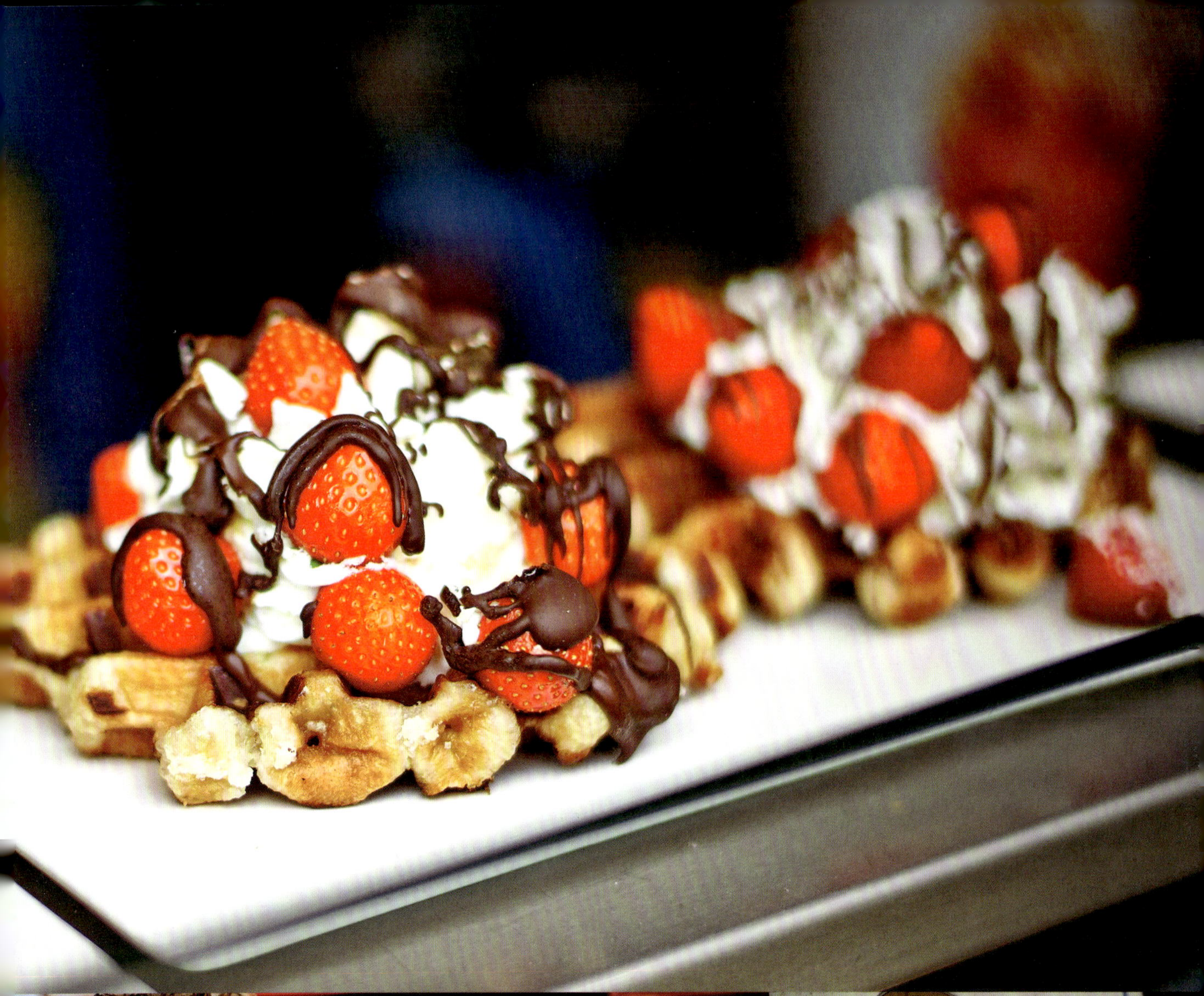

WINKLER BIER
Amberg

Oma's Vüchl

gebt was ihr wollt...
Richtpreis
* Oma's Orignal
* Udo Jürgens 1.30
(mit Sahne) 1.60

HANOI, SAIGON BANGKOK & CO.

VIELFALT FERNÖSTLICHER AROMEN

Asiatische Esskultur —
die hohe Kunst der Straßenküchen

Exotische Gewürze, betörende Düfte:
Schlaraffenland für alle Sinne

Eigentlich ist Herr Van Bo Nguyen schuld. Er hat mich dazu gebracht, mich mit Streetfood zu beschäftigen. In der Nähe meines Münchner Ateliers machte er eines Tages sein vietnamesisches Lokal auf, das Van Hoa. Kein Asiate hatte sich bisher in diese Gegend gewagt, nur wenige Schritte von der Tegernseer Landstraße entfernt. Hier war die Domäne bayerischer Wirtshäuser. Nichts gegen einen guten Schweinsbraten, aber rote Bandnudeln aus Reismehl mit Garnelen, Pilzen und frischem Gemüse sind eine andere Hausnummer. Herr Van Bo Nguyen sah mir wohl meine Freude an, denn wir kamen ins Gespräch, und schon bald hatte ich einen Auftrag: alle seine Gerichte zu fotografieren. „Was soll ich dir als Honorar zahlen?", fragte er, nachdem seine neue Speisekarte fertig war. Ich winkte ab, wir waren inzwischen so etwas wie Freunde geworden, ich wollte kein Geld, doch dann hatte ich eine Idee: „Wenn du nächstes Mal nach Vietnam in deine Heimat fliegst, nimm mich doch mit dorthin." Damit war er einverstanden.

Vietnamesische Bergziege vom Grill

Schneller als gedacht kam die Gelegenheit, denn mein neuer Freund musste nach Hanoi, in den Norden Vietnams, die Stadt hat über sechs Millionen Einwohner. Ein Trauerfall in der Familie machte seine Anwesenheit notwendig. Er hatte sich aber nicht nur um die Familie zu kümmern, er hatte auch Zeit für mich — und lud mich zu sich nach Hause ein, wo er mir, auf dem Fußboden sitzend, das beste Essen in meinem Leben servierte: gegrillte Bergziege. Erst nach dem grandiosen Mahl durfte ich mich auf einen großen geschnitzten Holzstuhl setzen, als es Zeit für einen starken Tee war.

Doch nicht genug, er schleppte mich überallhin, wo sich alles nur ums Essen drehte — auf Märkte, wo er mich zu ganz speziellen Ständen führte, ganze Hunde lagen gegrillt auf Tischen, mit aufgerissenen Mündern. Scheibchenweise wurde davon abgeschnitten und an kleinen Tischen mit Plastikhockern genussvoll — so sah es jedenfalls aus — verzehrt. Woanders gab es Wasserbüffel, unendliche Varianten von Frühlingsrollen, dann wieder diverse gebratene oder gegrillte Fische mit viel Gemüse. Immer dabei ein Körbchen mit frischen Kräutern und Salatblättern.

Suppe zum Frühstück

Schon sehr früh am Tag ist es in Hanois Straßen schwül-heiß, dennoch dominierten auf den Straßen die Suppenküchen, keiner wollte auf sein Frühstück verzichten, das aus der Pho-Bo-Suppe bestand: einer kräftige Rinderbrühe mit Reisnudeln, gewürzt mit Kardamom, Zimt, Sternanis und geröstetem Inger. Inspiriert ist die Suppe von den Franzosen, der einstigen Kolonialmacht bis Mitte der Dreißigerjahre, erst sie brachten das Rindfleisch nach Vietnam. Auch die Baguettes, die in allen Straßenlokalen zu finden sind, sind auf den Einfluss der Franzosen zurückzuführen.

Ein Restaurant verschwindet

„Wir kennen kaum Kühlschränke", erklärte mir mein vietnamesischer Freund, inzwischen war es Abend geworden. „Die Menschen kommen zweimal am Tag, morgens und abends, auf den Markt, um ihre Waren frisch einzukaufen. Oder sie essen gleich hier." Das taten auch wir. Auf einem der Ministühle ließen wir uns nieder, vor uns etwas, das wie ein Sektkühler aussah, in dem aber heiße Kohlen lagen, um die darüberliegende Pfanne zu beheizen. Darin konnte man sich selbst das zubereiten, wonach einem der Sinn stand. Mein Freund half mir bei der Zusammenstellung. Es schmeckte köstlich. Am nächsten Tag ging ich wieder hin, wollte dort eigenmächtig mein Mittagessen zubereiten und Chefkoch spielen, doch sosehr ich auch suchte, ich fand das kleine Straßenrestaurant nicht wieder. Ich zweifelte fast an meinem Verstand. „Es wird erst am Abend wieder aufgebaut", erklärte mir Herr Van Bo Nguyen. „Über Tag sieht man es nicht."

Clean eating in Singapur

Von Hanoi reiste ich weiter nach Singapur, in den kleinsten Staat Südostasiens. Der Stadtstaat ist bekannt dafür, dass alles sehr clean ist, nirgendwo auf der Straße liegt Abfall herum. Ich konnte mir kaum vorstellen, dass es hier eine Streetfood-Szene gibt, aber gerade deshalb machte ich mich neugierig auf die Suche. Und ich fand auch eine, nur nicht da, wo ich es erwartet hatte. Man muss nur eine Mall betreten, irgendeine, gut klimatisiert ist jede, und dennoch riecht es hier nach Straße. Nach Koriander, gebratener Ente, marinierten Fischspießen. Zwischen Schlittschuh laufenden Kindern auf einer künstlichen Eisfläche und noblen Boutiquen schlürfen Businessmänner und shoppende Freundinnen dampfende Suppen oder greifen zu aufgespießten Fleisch- und Fischteilen, dippen sie in knallgrüne oder leuchtend rote Saucen.

Wer es sich trotzdem traut, im Freien zu essen, findet sich auf den Hawkers ein, kleineren Plätzen, die oft am Hafen liegen. Hier geht es international zu, hier können sogar kubanische Speisen verzehrt werden, wie Kochbananen mit Suppenfleisch, gelbem Reis und schwarzen Bohnen. Auf langen Grills liegen Garnelen in unterschiedlichen Größen, Fische, auf die man zeigen kann und dann auf einem Teller serviert bekommt. Und, keine Frage: Es ist sauber, nirgendwo liegt auch nur ein einziges Krabbenbein zwischen den Füßen der Hungrigen.

Pulsierendes Leben und Glücksspiel in Bangkok

Im thailändischen Bangkok sieht das alles etwas anders aus. Was nicht in den Mund wandert, wandert flugs auf den Boden. Die Erdanziehungskraft muss hier entdeckt worden sein. Amerikanische Fast-Food-Filialen sind aus dem Stadtbild kaum noch wegzudenken, aber letztlich konkurrenzlos, denn die unzähligen Straßenlokale – es gibt kaum eine essfreie Zone – gehören zu Bangkok wie die Gottheit Indra auf den Elefanten. Touristen reisen alljährlich in diese Stadt, um kulinarische Explosionen zwischen Autohupen und Motorradgeknatter unter nachtblauem Himmel zu erleben.

Die Essstäbchen stecken kreuz und quer in kleinen Plastikkörben, überall schmackhafte Reisgerichte, über die die berühmte Fischsauce geschüttet wird. Die stellt man aus kleinen Fischen her, zusammen mit Salz werden sie in einem Fass fermentiert. In unzähligen Woks schwimmen Garnelen zwischen Glasnudeln. Wendet man den Blick weg von den Lokalen, klingelt sich ein Fahrradfahrer durch den Verkehr, an seinem Lenker hängen beidseitig hübsch verpackte „Geschenke": Reis und Schweinefleisch, kunstvoll eingewickelt in Bananenblättern. Frauen sitzen auf umgedrehten Plastikeimern am Straßenrand, in der einen Hand eine Tüte mit Frittiertem, in der anderen Hand ein Handy. Als ich sie genauer betrachte, ziehen sie rasch ihre hochgezogenen Hosenbeine wieder runter. Zahlen hatten sie daraufgeschrieben, ein illegales Glücksspiel.

Essen macht durstig

Zum Essen wird getrunken, hauptsächlich Bier. Ich lasse mich müde von Herumlaufen auf einen der niedrigen Stühle in einer der unzähligen Garküchen nieder. Bevor ich darüber nachsinnen kann, was ich essen will, kommt das Essen zu mir. Eine Suppe, in der ein spinatähnliches Grün schwimmt, dazu ein rotes Curry mit Hühnerfleisch in Kokosmilch und gedämpftem Reis. Natürlich genau das, was ich mir so vorgestellt habe, als wenn die Frau mit den vielen Falten im Gesicht und einem Hut auf dem Kopf, den Reisbauern tragen, meine Wünsche kannte. „Bitte, noch ein Bier", flüstere ich ihr zu. Das hatte sie nicht mitgebracht. Hatte sie mir angesehen, dass es nicht mein Erstes war?

GLÜCKSROLLEN

4 Portionen   **1 Std.** Zubereitung

Was für ein vielversprechender Name! Und er zeigt, selbst in der vietnamesischen Küche wird Harmonie angestrebt, Gegensätze sollen auch im Geschmack ausgeglichen werden. Wie gut das gelingt, beweisen die bei uns auch als Sommerrollen bekannten Glücksrollen.

Der vietnamesische Gourmet wickelt zudem sein Essen gern ein: Kleine Stückchen Fleisch, Fisch oder Gemüse werden mit Reisnudeln und frischen Kräutern gerollt und in leckere Dips getaucht. Im Gegensatz zu den bekannteren knusprigen Frühlingsrollen werden Sommerrollen nicht gebraten, sondern roh gegessen. Wenn man Freunde zu Besuch hat, können die ihr Glück gleich selbst einrollen, einfach alle Zutaten griffbereit auf den Tisch stellen.

Glücksrollen:

150 g Hähnchenfleisch

1 Stück Ingwer (1–2 cm)

2 EL Sesamöl

1 TL Fischsauce

1 Bund Thai-Basilikum

1 Bund Koriandergrün

½ Salatgurke

1 Bund Frühlingszwiebeln

100 g Sojasprossen

100 g Reisnudeln

1 EL Öl

12 Blätter rundes Reispapier (ca. 20–22 cm Durchmesser)

24 gekochte Garnelen (küchenfertig)

Nuoc Mam Pha:

1 Knoblauchzehe

1 Chilischote

2 EL Zucker

4 EL Fischsauce

1 Limette

ZUBEREITUNG

Für die Glücksrollen das Hähnchenfleisch in sehr feine Streifen schneiden. Den Ingwer schälen. Das Sesamöl und die Fischsauce verrühren, den Ingwer dazureiben und das Hähnchenfleisch darin 1 Stunde marinieren.
Die Kräuter waschen, trocken schütteln und die Blätter abzupfen. Die Gurke schälen, längs halbieren und entkernen, dann in streichholzfeine Stifte schneiden. Die Frühlingszwiebeln putzen, waschen und in feine Ringe schneiden. Die Sojasprossen heiß abbrausen und abtropfen lassen.
Die Nudeln mit heißem Wasser übergießen und 2 bis 5 Minuten einweichen lassen, bis sie gar sind. Herausnehmen, abkühlen lassen und in 10 cm lange Abschnitte schneiden.
Das Hähnchenfleisch nach dem Marinieren im Öl braten.
Die Reispapierblätter einzeln kurz durch lauwarmes Wasser ziehen, bis sie weich sind, und auf ein feuchtes Geschirrhandtuch legen. Jeweils 3 Garnelen nebeneinander auf das Reispapier legen. Dann Fleisch, Nudeln, Kräuter, Gurkenstifte, Frühlingszwiebeln und Sprossen darauf verteilen. Die Seiten einschlagen und das Reispapier aufrollen.

Als Dip reicht man entweder eine Erdnuss-Sauce (siehe S. 130) oder die klassische Nuoc Mam Pha dazu – oder beides. **Für Nuoc Mam Pha** den Knoblauch schälen, die Chili fein hacken und beides im Mörser mit dem Zucker zu einer Paste zerstoßen. Mit Fischsauce und 8 EL heißem Wasser verrühren, bis sich der Zucker aufgelöst hat. Die Limette auspressen und den Saft dazugeben. Alles gründlich verrühren. (Den Knoblauch kann man auch weglassen oder durch die gleiche Menge klein gehackten Ingwer ersetzen.)

HANOI KITCHEN

SRIRACHA SAU

CRISPY
SHALLOTS

PEANUTS

MINT, THAI BASIL
CORIANDER

CHOOSE FROM

PULLED PORK

BEAN SPROUTS

SPICY TOFU

PICKLED CARROT
LETTUCE

VERMICILLI
RICE NOODLE

PHO BO

4 Portionen   **20 Min.** Vorbereitung   **4–5 Std.** Garzeit

Die Pho Bo ist die bekannteste aller vietnamesischen Suppen. Schon morgens um 6 Uhr schlürfen Vietnamesen sie auf winzigen Plastikhockern am Straßenrand sitzend.

Während in Nordvietnam eine eher helle, milde Brühe verwendet wird, rösten die Südvietnamesen die Fleischknochen vor dem Kochen über Holzkohle, um die Brühe intensiver in Farbe und Geschmack zu machen. Der Unterschied zu anderen Suppen ist gleichzeitig auch ein typisches Merkmal der vietnamesischen Küche: viele frische Kräuter. In Vietnam gibt es Hunderte Sorten von Basilikum bis Minze, das Nationalkraut „rau ram", eine minzig-scharfe Korianderart, oder das feine „rau ngo gai", eine Korianderart, die leicht und blumig schmeckt.

Pho Bo:

1 kg Beinscheiben oder Fleischknochen (vom Rind)
400 g Rinderbrust
5 Schalotten
1 Stück Ingwer (ca. 6 cm)
1 Kardamomkapsel
1 Stückchen Zimtrinde
1 Sternanis
5 EL Fischsauce
Salz, Zucker
200 g Reisnudeln Banh Pho (Größe S oder M)
1 Bund Koriander
1 Bund Thai-Basilikum
1 Bund Frühlingszwiebeln
1 Chilischote
Pfeffer
Saft von 1 Limette

ZUBEREITUNG

Fleischknochen und Rinderbrust unter kaltem Wasser waschen. In einen großen Topf geben und mindestens 5 l kaltes Wasser dazugießen – es sollte alles bedeckt sein. Die Schalotten ungeschält halbieren und auf der Schnittfläche in einer Pfanne ohne Fett rösten. Zum Fleisch geben. Ingwer in Scheiben schneiden. Die Kardamomkapsel mit einem Messer in der Mitte teilen, ohne sie komplett durchzuschneiden. Mit Zimt, Sternanis und Ingwer in einer Pfanne leicht anrösten, bis die Gewürze zu duften beginnen. Zur Brühe geben. Alles langsam zum Kochen bringen und den Schaum abschöpfen. Die Suppe etwa 2 ½ Stunden offen simmern lassen, den Schaum immer wieder abschöpfen. Die Brühe mit Fischsauce, je 1 EL Salz und Zucker würzen und bei schwacher Hitze weiterköcheln lassen. Nach etwa 2 Stunden das Fleisch mit einer Gabel prüfen, es sollte nicht mehr elastisch sein, aber auch noch nicht auseinanderfallen. Wenn es gar ist, herausnehmen und auslösen.

Die Knochen in der Brühe weiterkochen und nach einer weiteren Stunde durch ein feines Sieb oder Küchenhandtuch passieren, damit sie klar wird. Falls nötig, noch mit Fischsauce, Salz und Zucker würzen. Sie sollte kräftig schmecken, durch die Zugabe der Nudeln wird sie milder im Geschmack. In der Zwischenzeit die Nudeln in warmem Wasser einweichen.

Die Kräuter waschen, trocken schütteln. Die Blätter grob hacken. Frühlingszwiebeln putzen und in feine Röllchen schneiden. Mit den Kräutern vermischen. Chili klein schneiden und mit dem Pfeffer bereitstellen. Die Rinderbrust gegen die Faser in dünne Scheiben schneiden. Reisnudeln abtropfen lassen und auf vorgewärmte Schalen verteilen. Je 4 bis 6 Scheiben Fleisch darauf verteilen. Die Brühe kochend heiß in die Schalen füllen. Mit Limettensaft, Pfeffer und Chili würzen. Die Kräuter darüberstreuen.

BÁNH XEO

4 Portionen   **40 Min.** Vorbereitung   **3 Std.** Garzeit

Das Leben findet in Vietnam auf der Straße statt, hier wird auch gekocht und gegessen – als sei Streetfood hier erfunden worden. Das kulinarische Angebot ist so turbulent und vielfältig wie die Menschen selbst. Überall dampft und brodelt es in zum Teil kleinsten Garküchen, die heute hier und morgen vielleicht woanders stehen.

Das Essen auf der Straße ist preiswert, die Qualität ist gut und oftmals noch besser – die Köche kaufen ihre Zutaten meistens frisch vom Markt und viele Garküchen sind Familienbetriebe, die über mehrere Generationen nur dieses eine Rezept perfektioniert haben.

Typisch südvietnamesisch ist zum Beispiel Bánh Xeo, ein Crêpe aus Reismehl und Kokosmilch, gefüllt mit Garnelen, Sprossen und Fleisch. Die gelbe Farbe kommt nicht vom Ei, dafür ist Kurkuma verantwortlich.

Essigsauce:

2 EL Zucker
2 TL Essig
2 EL Fischsauce
½ Knoblauchzehe
½ Chilischote

Bánh Xeo:

200 g Reismehl
1 TL gem. Kurkuma, Salz
400 ml Kokosmilch
2 Frühlingszwiebeln
100 g Mungobohnen-
sprossen
100 g Hähnchen- oder
Schweinefleisch
Zucker, Pfeffer
100 g Garnelen (ohne Kopf;
mit Schale)
Öl zum Braten
1 kleiner Salatkopf
½ Bund Thai-Basilikum
½ Bund Koriander

ZUBEREITUNG

Für die Essigsauce 100 ml Wasser, Zucker und Essig mischen und nach und nach so viel Fischsauce dazugeben, bis die Sauce würzig ist. Ungeschälten Knoblauch und Chilischote klein hacken und in die Sauce geben.

Für Bánh Xeo das Mehl und Kurkuma mit 1 Prise Salz mischen und die Kokosmilch unterrühren. Den Teig 30 Minuten ruhen lassen. Er sollte relativ flüssig sein. Frühlingszwiebeln putzen, waschen und in feine Röllchen schneiden. Die Sprossen heiß abbrausen und abtropfen lassen. Das Fleisch in dünne Scheiben schneiden, mit Salz, etwas Zucker und Pfeffer würzen. Die Garnelen schälen, am Rücken entlang aufschneiden und den Darm entfernen. Garnelen waschen und trocken tupfen. Je nach Größe eventuell halbieren, mit Pfeffer und Salz würzen.
Den Backofen auf 120 °C vorheizen. Etwas Öl in einer Pfanne erhitzen und Fleisch und Garnelen unter Rühren darin anbraten, herausnehmen. Die Hitze herunterschalten. Eine Schöpfkelle Teig in die Pfanne geben, die Pfanne dabei schwenken, damit der Teig gleichmäßig verteilt wird. Auf einer Hälfte einige Sprossen, etwas gegartes Fleisch und ein paar Garnelen verteilen und zugedeckt einige Minuten garen. Anschließend die ungefüllte Teighälfte über die gefüllte schlagen und auf einen Teller geben. Auf diese Weise die restlichen Bánh Xeo zubereiten und im Ofen warm halten. Die Frühlingszwiebelröllchen darüberstreuen.
Die Salatblätter ablösen und mit den Kräutern waschen und trocken schütteln. Von den Crêpes werden Stücke mit der Hand abgezupft, zusammen mit Kräutern in die Salatblätter gerollt und in die Essigsauce gedippt.

SATÉ-SPIESSE

4 Portionen **70 Min.** Vorbereitung **5 Min.** Garzeit

Saté- oder auch Satay-Spieße, mit kleinen Stückchen Huhn oder zum Beispiel Rind, findet man heute in zahlreichen südostasiatischen Ländern auf der Speisekarte und im Schnellimbiss. Ihren Ursprung machen sich vor allem Indonesien und Thailand streitig, als ziemlich gesichert gilt jedoch, dass es ein muslimisches Gericht ist.

So oder so wird es meistens über Kohlen oder Holzfeuer gegrillt und bevorzugt mit einer Erdnuss-Sauce serviert — und ist mit seinen griffigen Spießen das perfekte Fingerfood.

Satéspieße:

500 g Hähnchenbrustfilets
1 Zwiebel
50 g Ingwer
1 TL gem. Korianderkörner
1 TL gem. Kurkuma
2 TL Chilisauce
200 ml Kokosmilch
1 TL Zucker
60 ml Sojasauce
2 EL Erdnussöl

Erdnuss-Sauce:

1 kleine Zwiebel
1 Knoblauchzehe
1 EL Sesamöl
125 g stückige Erdnuss-butter
2 EL Sojasauce
400 ml Kokosmilch
thailändische Chilisauce

ZUBEREITUNG

Für die Saté-Spieße 16 lange Holzspieße etwa 30 Minuten in Wasser legen, damit sie beim Garen nicht verbrennen.
Das Hähnchenfleisch waschen, trocken tupfen und in dünne, lange Streifen schneiden. Die Zwiebel und den Ingwer schälen und beides auf einer Küchenreibe fein reiben. Koriander, Kurkuma, Ingwer und Zwiebel, Chilisauce, Kokosmilch, Zucker und Sojasauce verrühren. Das Fleisch darin etwa 1 Stunde im Kühlschrank marinieren.

In der Zwischenzeit **für die Erdnuss-Sauce** die Zwiebel und den Knoblauch schälen und fein hacken. In einem Topf das Sesamöl erhitzen und beides darin leicht anbraten. Erdnussbutter, Sojasauce, Kokosmilch und 1 Spritzer Chilisauce hinzufügen und alles bei schwacher Hitze zu einer breiigen Sauce rühren. Nicht zu heiß werden lassen, sonst trennt sich das Öl.

Das Fleisch aus der Marinade nehmen, abtropfen lassen und die Streifen der Länge nach wellenartig auf die Holzspieße stecken. Das Öl in einer großen Grillpfanne erhitzen und die Spieße darin etwa 5 Minuten anbraten und dabei einmal wenden. Bei schwacher Hitze etwa 3 bis 5 Minuten zu Ende garen. Die Erdnuss-Sauce warm zu den Spießen servieren.

GLASNUDELSALAT

4 Portionen   **40 Min.** Vorbereitung   **5 Min.** Garzeit

Fast jeder kennt die dünnen, fadenartigen Glasnudeln, hergestellt aus Mungobohnenstärke und Wasser. Getrocknet und zu Bündeln gebunden, sind sie sehr lange haltbar. Sie werden nicht gekocht, sondern lediglich mit kochendem Wasser übergossen, ziehen kurz und werden daraufhin fast durchsichtig, glasig.

Da sie neutral schmecken und dank ihrer Quelleigenschaft Aromen gut aufnehmen können, eignen sie sich nicht nur für Salate, sondern machen auch als Einlage in Suppen, als Füllung in Sommerrollen, in Wokgerichten oder als dekoratives Highlight, wenn man sie kurz in trockenem Zustand frittiert, eine gute Figur. Mit würzigen Saucen und Dressings kann man auf einfache Art und Weise einen Glasnudelsalat herstellen, der Eindruck macht.

Glasnudelsalat:

500 g Garnelen (vorgegart und geschält)

20 g Ingwer

1 Knoblauchzehe

1 rote Chilischote

1 Stängel Zitronengras

4 Limetten

4 Stiele Koriander

4 Stiele Thai-Basilikum

2 Frühlingszwiebeln

1 EL Zucker

1 TL Korianderkörner

2 EL Fischsauce

1 EL Sesamöl

200 ml Fischfond (aus dem Glas)

100 g Cashewkerne

250 g Glasnudeln

20 g geröstete Sesamsamen

ZUBEREITUNG

Falls nötig, von den Garnelen den Darm entfernen. Den Ingwer und den Knoblauch schälen und grob hacken. Die Chilischote waschen und diagonal mit Kernen in Scheiben schneiden. Das Zitronengras putzen – harte äußere Blätter und Wurzelansatz entfernen – und den Stängel in kleine Stücke schneiden. Die Limetten auspressen. Die Kräuter waschen, trocken tupfen und grob hacken. Die Frühlingszwiebeln putzen, waschen und in Stücke schneiden.

Ingwer, Zucker, Knoblauch, Chili, Zitronengras, Korianderkörner, Frühlingszwiebeln, Fischsauce und Limettensaft mit dem Stabmixer fein zerkleinern. Die Mischung in einer Pfanne im Sesamöl anrösten. Mit dem Fischfond ablöschen und einmal aufkochen. Vom Herd nehmen und die Garnelen dazugeben. Die Cashewkerne in einer Pfanne ohne Fett unter Rühren leicht rösten.

1 l Wasser zum Kochen bringen und von der heißen Herdplatte ziehen. Die Glasnudeln mit einer Schere in Stücke schneiden, ins heiße Wasser legen und 5 Minuten ziehen lassen. Die Nudeln abgießen und in einem Sieb abtropfen lassen. Mit der Sauce, den Garnelen, Kräutern und den Cashewkernen mischen. Mit den Sesamsamen bestreut servieren.

TOD MAN PLA

5 Portionen   **20 Min.** Vorbereitung   **4—5 Min.** Garzeit

Auf den meisten Thai-Straßenmärkten bekommt man die kleinen Curry-Fischküchlein mit einer süßlichen Chilisauce mit Gurkenstückchen und frittierten Basilikumblättern serviert.

Eigentlich wird dieses Gericht traditionell mit Grey Featherback, dem Fähnchen-Messerfisch zubereitet. Man kann ihn durch Rotbarschfilet ersetzen, gelegentlich erwischt man ihn aber auch in Asia-Märkten als Tiefkühlware. Wichtige Zutat des thailändischen Originals sind Schlangengurken, bis zu 90 cm lange Bohnen, die wie unsere grünen Bohnen aussehen, nur eben überdimensional. Wir verwenden hier einfach unsere einheimischen grünen Bohnen, die vom Geschmack her sehr ähnlich sind. Dazu isst man Reis oder dünne Reisnudeln.

Gurkendip:

1 Salatgurke
1 Schalotte
3 Stiele Koriander
200 ml Thai-Chilisauce
100 g ungesalzene Erd-
nüsse

Fischküchlein:

2 Kaffirlimettenblätter
100 g grüne Bohnen
400 g weißfleischiges
Fischfilet (mit wenig
Gräten)
1 TL rote Currypaste
1—2 EL Fischsauce
1 Ei
½ TL Zucker
Pfeffer
1 EL Speisestärke
1 l Öl
1 Bund Thai-Basilikum

ZUBEREITUNG

Für den Gurkendip die Gurke waschen und in kleine Würfel schneiden. Die Schalotte schälen und in kleine Würfel schneiden. Den Koriander waschen, trocken schütteln und die Blätter hacken. Die Gurke und die Schalotte mit der Chilisauce mischen. Erdnüsse und Koriander unterrühren.

Für die Fischküchlein den harten Stiel der Kaffirlimettenblätter heraus-schneiden und die grünen Blätter sehr fein schneiden oder hacken. Die Bohnen putzen, waschen und in sehr feine Ringe schneiden. Das Fischfilet in Würfel schneiden und in der Küchenmaschine oder mit dem Stabmixer zu einer nicht zu feinen Paste verarbeiten. Limettenblätter, Bohnen, Currypaste, Fischsauce, Ei, Zucker und Pfeffer dazugeben und alles gut miteinander vermischen. Die Speisestärke nach und nach unterrühren. Die Fischmasse kurz in den Kühlschrank stellen. Dann mit angefeuchteten Händen kleine flache Plätzchen daraus formen. Die Küchlein im heißen Öl goldbraun ausbacken, anschließend auf Küchenpapier abtropfen lassen.

Die Fischküchlein mit dem Gurkendip servieren. Ganz authentisch reicht man Tod Man Pla mit frittiertem Thai-Basilikum.

BÁNH BAO

8–10 Bällchen   **1 Std.** Vorbereitung   **20 Min.** Garzeit

Hefeklöße mit verschiedenen Füllungen gibt es in fast jeder Kultur. In Vietnam sind sie eigentlich keine Hauptmahlzeit, sondern werden zum Frühstück, zwischendurch oder unterwegs gegessen. Da isst man sie situationsbedingt auch kalt. Mal gefüllt mit verschiedenen Fleischsorten, mit Mu-Err- oder anderen Pilzen, mit geräucherter Schweinewurst, mit Zwiebeln, geschnittenen Glasnudeln und sogar mit gekochten Eiern. Die Vietnamesen bevorzugen Wachtel- statt Hühnereier. Was man eben gerade so zu Hause hat.

Der Teig muss gehen wie jeder Hefeteig und wird nach dem Füllen im Dampf gegart. Wer sich die Mühe mit dem Hefeteig sparen will, nimmt eine Fertigteigmischung aus dem Asia-Laden, die nur noch angerührt werden muss (Bót Bánh Bao). Heiß schmecken die kleinen Klöße natürlich am besten, und ein erfrischender, knackiger Salat passt prima dazu.

Bánh Bao:

135 ml Milch
½ TL Zucker
½ Packung Trockenhefe
325 g Mehl
3 EL Öl
1 Eiweiß
50 g Zucker
¼ TL Backpulver
2–3 Eier
1 kleine Handvoll getrocknete Mu-Err-Pilze
2 Schalotten
250 g Schweinehackfleisch
Salz, Pfeffer

ZUBEREITUNG

1 EL Milch mit dem Zucker erwärmen. Die Trockenhefe darin auflösen, gut verrühren und 10 bis 15 Minuten gehen lassen.

250 g Mehl mit 2 EL Öl, der Hefemilch und 120 ml Milch verrühren und 10 bis 15 Minuten verkneten, bis ein glatter Teig entsteht. Mit Frischhaltefolie bedeckt 30 Minuten bei Zimmertemperatur gehen lassen.

Das restliche Mehl, Eiweiß, Zucker und Backpulver gründlich mit dem Teig vermischen. Den Teig zu einer Rolle formen und in 8 bis 10 Portionen teilen. Diese zu Bällchen formen.

Die Eier hart kochen, abschrecken und pellen. Die Pilze in Wasser einweichen, gut ausdrücken und klein schneiden. Schalotten schälen und ebenfalls klein schneiden.

Das Schweinehackfleisch mit Schalotten, Pilzen und 1 EL Öl verrühren. Mit Salz und Pfeffer würzen.

Die Teigbällchen zu Kreisen ausrollen und die Hackfleischmischung daraufsetzen. Die Eier vierteln und darauf verteilen. Den Teig über der Füllung zusammenschlagen und zu Klößchen formen.

Die Teigbällchen 20 Minuten in einem Bambusdämpfer oder Dämpftopf garen. Bánh Bao nach Belieben mit Korianderblättern, Sesamsamen und geraspeltem Kohl garnieren.

BIBIMBAP

4 Portionen   **40 Min.** Vorbereitung   **20 Min.** Garzeit

Es war das Lieblingsessen von Michael Jackson, und er hat sich gewünscht, dass Bibimbap in der ganzen Welt bekannt würde. Mit der Streetfood-Bewegung könnte sich sein Traum erfüllen. Bibim bedeutet „mischen", bap heißt übersetzt „Reis", und der Name ist Programm.

Verschiedene Gemüsesorten, alle einzeln gegart, ein bisschen Rindfleisch und natürlich noch Kimchi, eine fermentierte Gemüsezubereitung, ohne die kein koreanisches Gericht auskommt. Serviert wird Bibimbap in Korea in einem heißen Steinguttöpfchen, obendrauf wird ein rohes Eigelb gegeben. Die Hitze des Steinguttöpfchens hält nicht nur das Essen warm, das Eigelb gart zusätzlich, wenn es auf den Boden läuft. Da man hierzulande nicht so gerne rohe Eidotter isst, haben wir es in diesem Rezept weggelassen. Wer auf den Geschmack nicht ganz verzichten möchte, kann ein Spiegelei auf das Essen setzen.

Bibimbap:

300 g Rundkornreis
1 Bund Frühlingszwiebeln
2 Möhren
1 Zucchino
1 Aubergine
200 g Babyspinat
200 g Shiitake- oder andere
Pilze
100 g Mungobohnen-
sprossen
Sonnenblumenöl oder
anderes, neutrales Öl
Salz
1 Knoblauchzehe
200 g Rinderfilet
4 EL Gochujang (koreani-
sche scharfe Gewürzpaste)
2 TL Sojasauce
4 EL Apfelsaft
Zucker
2 EL Sesamöl
4 EL Kimchi (aus dem Asia-
Laden)
4 TL Sesamsamen

ZUBEREITUNG

Den Reis nach Packungsanweisung kochen. (Verhältnis Reis zu Wasser 1:2.) Die Frühlingszwiebeln putzen. Die Möhren putzen und schälen. Den Zucchino und die Aubergine putzen und waschen. Den Spinat waschen und abtropfen lassen. Die Pilze putzen und die Sprossen mit heißem Wasser abbrausen. Alles in feine Streifen oder Scheiben schneiden. Das Gemüse nacheinander separat in der Pfanne mit wenig Öl kurz braten, leicht salzen und getrennt aufbewahrt warm halten.

Den Knoblauch schälen und hacken. Das Rindfleisch mit Knoblauch, Gochujang, Sojasauce, Apfelsaft, etwas Zucker und ½ TL Sesamöl verrühren und 10 Minuten darin ziehen lassen. Dann in der Pfanne mit der Marinade kurz anbraten. Es sollte nur sehr kurz gegart werden, damit es zart bleibt. Das restlichen Sesamöl darübergeben.

Jeweils eine kleine Portion Reis in Schälchen anrichten. Das gegarte Gemüse und das Kimchi farblich abwechselnd nebeneinander auf den Reis legen. Das gegarte Fleisch dazugeben und über jede Schale noch etwas Sesamsamen streuen.

Wer möchte, kann pro Portion ein Spiegelei dazu braten und obendrauflegen, der flüssige Eidotter wird dann beim Aufschneiden zur Sauce.

BULGOGI

4 Portionen   **1 Std.** Vorbereitung   **12 Min.** Garzeit

Bulgogi heißt übersetzt „Feuerfleisch", das hat aber weniger mit der Schärfe des Gerichts zu tun als damit, dass es eigentlich über dem offenen Feuer gegart wird. Es ist das koreanische BBQ, das am Tisch auf einem Holzkohlegrill zubereitet wird.

Unser Rezept funktioniert auch in der Pfanne, natürlich kann man die marinierten Fleischstückchen auch gerne grillen. Das gebratene Fleisch wird dann auf ein Salatblatt gelegt und je nach persönlicher Vorliebe mit Sojasauce, Chilipaste, frischem Krautsalat, Kimchi oder anderen Zutaten in dieses Salatblatt eingerollt, mit den Fingern als komplettes Bündel in den Mund geschoben und gegessen. Bei uns wird Bulgogi meist einfach mit Reis angeboten.

Bulgogi:

800 g Rindfleisch (aus der Hüfte) oder Rinderfilet

1 Gemüsezwiebel

2 Knoblauchzehen

1 EL brauner Zucker

2 EL scharfe Paprikapaste

1 EL Sake (jap. Reiswein)

2 EL geröstetes Sesamöl

200 ml Ketjap Manis (aus dem Asia-Laden)

300 g Jasminreis

Salz

1 Salatgurke (aus dem Asia-Laden)

16 Salatblätter

3 EL geröstete Sesamsamen

400 g Kimchi (aus dem Asia-Laden)

ZUBEREITUNG

Das Rindfleisch in sehr feine, hauchdünne Streifen schneiden und übermäßiges Fett entfernen. Die Zwiebel und den Knoblauch schälen und in grobe Stücke schneiden. **Für die Marinade** Zucker, Paprikapaste, Sake, Sesamöl, Ketjap Manis, Knoblauch und Zwiebel in einem hohen Gefäß pürieren. Das Fleisch mit der Marinade übergießen, gut einmassieren und 1 Stunde in den Kühlschrank stellen.

Den Jasminreis im Reisdämpfer oder im Topf im Verhältnis 1:2 (Reis zu Wasser) mit 1 Prise Salz garen.

Die Gurke schälen und in Scheiben schneiden. Das Fleisch mit der Marinade in einer Pfanne im eigenen Sud etwa 5 Minuten garen.

Die Salatblätter waschen und trocken tupfen. Pro Person 3 Salatblätter auf einer Platte oder einem großen Teller verteilen. Sesamsamen auf den Reis streuen und ebenso wie Kimchi und das gegarte Fleisch auf verschiedene Schüsseln verteilen, mit Gurkenscheiben dekorieren und auf den Tisch stellen. Jetzt kann jeder selbst das Fleisch auf die Salatblätter verteilen, die restlichen Zutaten jeweils nach Belieben hinzufügen und die Blätter zusammenrollen – oder die Beilagen getrennt dazu genießen.

CA PHE SUA

1 Portion   **10 Min.** Zubereitung

Vietnam und Kaffeekultur? Das würde man nicht sofort miteinander in Verbindung bringen. Und doch ist der Kaffee der Vietnamesen liebstes Getränk. Kein Wunder, denn Kaffee aus Vietnam ist dank dem perfekten Klima und den fruchtbaren vulkanischen Böden berühmt für seine ausgezeichnete Qualität, besonders in der Region um Buon Ma Thuot im zentralen Hochland. Von französischen Missionaren einst ins Land gebracht, wird Kaffee hier seit mehr als hundert Jahren kultiviert. Er hat ein wiedererkennbar kräftiges Aroma mit malziger Note.

Für die typisch vietnamesische Kaffeezubereitung benötigt man eine einfache „Kaffeemaschine", die aus einem Metallfilter mit Deckel und Sieb besteht, den man auf jede Kaffeetasse setzen kann. Man bekommt ihn wie das spezielle vietnamesische Kaffeepulver in Asia-Läden.

Viele Vietnamesen trinken ihn als Eiskaffee aus einem großen Glas mit Eiswürfeln. Der Kaffee ist allerdings nichts für schwache Nerven, egal ob heiß oder kalt, denn er ist wesentlich stärker als der Kaffee, den man in europäischen Ländern gewöhnt ist.

Ca Phe Sua

2 EL gesüßte Kondensmilch (ersatzweise normale Kondensmilch und Zucker nach Geschmack)
20 g Kaffeepulver

ZUBEREITUNG

Die Kondensmilch in eine Kaffeetasse geben. Den Boden des Metallfilters und den Behälter auf die Tasse setzen (wer seinen Kaffee gerne sehr heiß trinkt, stellt die Tasse noch in ein Schälchen mit heißem Wasser). Dann den Metallbehälter mit Kaffeepulver füllen. Die Metallpresse in den Behälter setzen, aber nicht auf den Kaffee pressen. Etwa 2 EL kochendes Wasser aufgießen und durch den Filter tropfen lassen.

Dann noch einmal mit der doppelten Menge (etwa 45 ml) kochendem Wasser aufgießen. Den Deckel auf den Behälter setzen und so lange warten, bis das gesamte Wasser durch den Filter geflossen ist, das dauert etwa 5 Minuten.

Den Metallfilter herunternehmen und den Kaffee mit der Kondensmilch verrühren. So erhält man den unglaublich aromatischen und wunderbar süßen Ca Phe Sua. Wer ihn noch über ein Glas mit Eiswürfeln gießt, hat den wahrscheinlich besten Eiskaffee der Welt, den Ca Phe Sua Da.

BÁNH MÌ

2 Portionen   **40 Min.** Zubereitung

Auch wenn man belegte Baguettes nicht als typisches Streetfood in Vietnam vermuten würde – Bánh Mìs sind dort sehr populär. In Deutschland leider noch nicht, doch das könnte sich bald ändern. Die Vorzeichen kommen wie einst die Burger aus New York, dort sind Bánh Mì bereits Trend. Die „New York Times" schreibt: „Die vietnamesischen Bánh Mì haben New York im Sturm erobert. Die Baguettes mit Schweinefleisch und eingelegtem Gemüse haben ein neues Gastronomieniveau erreicht." Und auch beim „Boston Globe" steht das neue Trendfood hoch im Kurs: „Bánh Mì sind schön knusprig, süß, pikant, sauer, salzig und saftig zugleich. Sie sind eine tolle Kombination aus französischem Baguette und dem typisch vietnamesischen Geschmack."

Bánh Mì, was nichts weiter als belegte Brote bedeutet, sind zwar auch ein Teil des kulinarischen Erbes der Franzosen in Indochina, die vietnamesischen Baguettes sind aber etwas luftiger, und die Kruste ist dünner als die der französischen.

Bánh Mì:

2 Möhren
½ Salatgurke
¼ weißer Rettich oder
einige Radieschen
2 EL Meersalz
4 EL Reisessig
2 EL feiner Zucker
4 Blätter Römer- oder
Kopfsalat
4 Stiele Koriander
2 Stiele Thai-Basilikum
2 große Baguettebrötchen
150 g Fleischpastete

Chili-Mayonnaise:

1 Knoblauchzehe
1 rote Chilischote
½ Limette
100 g Mayonnaise

ZUBEREITUNG

Für die Bánh Mì die Möhren und die Gurke schälen und in feine Streifen schneiden, Rettich oder Radieschen putzen, waschen und in dünne Scheiben schneiden. Meersalz, Reisessig und Zucker zu einer Sauce verrühren. Möhren, Gurke und Rettich mit der Sauce vermischen und 30 Minuten im Kühlschrank marinieren.

Für die Chili-Mayonnaise den Knoblauch schälen und zerdrücken, dann klein hacken. Die Chilischote putzen, halbieren, entkernen und sehr fein hacken. Die Limette auspressen. Alles mit der Mayonnaise verrühren.
Die Salatblätter waschen und trocken tupfen. Koriander und Basilikum waschen und trocken schütteln. Die Baguettes jeweils längs aufschneiden. Mit Mayonnaise bestreichen und mit Salatblättern, dem eingelegten Gemüse, je 2 dünnen oder einer 1 dickeren Pastetenscheibe belegen und mit Kräutern garnieren.
Wer es original vietnamesisch mag, streicht etwa 150 g französische Paté auf das Baguette, lässt die Chili-Mayonnaise weg und träufelt stattdessen etwas Chilisauce und/oder Nuoc Mam Pha (siehe S. 124) zum Schluss auf das Baguette.

BAKED FRESH DAILY...

STICKY RICE WITH MANGO

4 Portionen   **30 Min.** Vorbereitung   **20 Min.** Garzeit

Khao Neow Ma-Muang heißt dieses Dessert auf Thailändisch, und es ist ein absoluter Renner in der asiatischen Küche. Der „sticky rice" ist Klebreis, der einen sehr viel höheren Stärkeanteil hat als Rundkornreis, wodurch die Körner beim Kochen miteinander verkleben. Der Reis bekommt auch ohne Zugabe von Milch eine sehr schöne Konsistenz. Er wird mit Wasser gegart und anschließend mit Kokossauce und Mangoscheiben serviert. Alle Laktosegeschädigten können sich freuen: Hier wird keine Milch verarbeitet.

Sticky Rice with Mango:

4 EL helle Sesamsamen
250 g Klebreis
Salz
ca. 2 ½ EL Zucker
200 ml Kokosmilch
200 ml Cream of Coconut
2 reife Mangos
Limettensaft

ZUBEREITUNG

Die Sesamsamen in einer Pfanne ohne Fett rösten, bis sie anfangen zu springen, dann beiseitestellen.

Den Klebreis unter fließendem kaltem Wasser waschen und in 200 ml Wasser 20 Minuten einweichen. Anschließend 300 ml Wasser zum Kochen bringen und den abgetropften Reis mit 1 Prise Salz und 1 EL Zucker 15 bis 20 Minuten darin köcheln lassen. Vom Herd nehmen und auskühlen lassen.

Für die Kokossauce die Kokosmilch mit 1 EL Zucker und der Cream of Coconut in einem kleinen Topf erhitzen. Nicht kochen lassen, vorher vom Herd ziehen. (Cream of Coconut ist eine Creme aus eingedicktem Kokosfett und gesüßter Kokosmilch. Mit Kokosmilch verdünnt ergibt das eine feine Sauce, die nicht so schwer ist.)

Den Reis mit drei Vierteln der Kokossauce vermischen und noch mal mit Zucker abschmecken.

Die Mangos schälen, das Fruchtfleisch vom Kern schneiden und in Spalten teilen. Mit etwas Limettensaft beträufeln und mit dem restlichen Zucker mischen. Den Kokosreis auf vier Schälchen verteilen, die übrige Kokossauce dazugeben und die Mangospalten darauf anrichten. Mit den gerösteten Sesamsamen bestreuen.

PORTO

HAFENSTADT
MIT SEEFAHRERFLAIR

Portugals heimliche Hauptstadt ist immer eine Reise wert

Auf den Spuren von Portwein und Francesinha

„Streetfood, das wäre bei uns höchstens ein Vorwand, um in ein Café oder in eine Bar zu gehen", erklärt mir Tomás. „Ansonsten ist das ein so moderner Begriff, was sollen wir damit anfangen? Hier will niemand cool oder hip sein. Wir sind es einfach, mit dem, wie wir immer schon gelebt und gegessen haben. Sonst würden Menschen wie Sie nicht zu uns kommen. Und es kommen viele."

Von Azulejos und Entradas

Tomás ist einer der vielen Barbesitzer in Porto, nach Lissabon die zweitgrößte Stadt von Portugal, gelegen am Atlantischen Ozean und am Fluss Douro. Er erzählt mir das, nachdem ich mich auf einem seiner gepolsterten Barhocker niedergelassen habe. Die Wände sind wunderschön gekachelt, vorwiegend blau auf weißem Grund, mit Ornamenten und Motiven (Heilige, Jungfrauen und edle Rösser, wie langweilig sind da die üblichen Badezimmerfliesen). Diese Kacheln (Azulejos) sind auch außen an vielen hohen Gebäuden und Kirchen in der Altstadt Ribeira zu finden — Ausdruck einstiger Macht einer Seefahrer- und Kaufmannsnation.

Kacheln hin oder her, unübersehbar ist der Kontaktgrill, ohne ihn geht hier gar nichts, das soll ich noch feststellen. Bevor ich etwas sagen kann, stellt mir Tomás einen Teller mit frittierten Miniatursardinen hin und eine Schale mit Erdnüssen, dazu ein kleines Glas Rotwein, randvoll. Es ist eine Herausforderung, dass nichts überschwappt. Aber irgendwie gehört der rote Ring auf der Tresenfläche dazu wie die fettigen Finger, die ich immer wieder mit den hauchdünnen weißen Papierservietten säubere.

Streetfood auch für drinnen

Ich muss aufpassen, damit ich nicht alles aufesse, die Sachen machen ganz schön satt. Haben auch alle anderen in der Bar solche Schälchen vor sich stehen? Meine Nachbarn am Tresen lächeln mich freundlich an, sie scheinen eine Bohnensorte zu bevorzugen. An einer Stelle wird etwas abgebissen, dann zieht man mit zwei Fingern die Schale ab, und schon ist das Innere der Bohne im Mund. Man kaut darauf herum, als würde man einen Diamanten mit den Zähnen zerkleinern wollen.

„Also", fährt Tomás fort, „wenn Sie Streetfood wollen, dann sind Sie genau richtig hier. Alle Speisen können Sie draußen verzehren, Sie dürfen aber auch drinbleiben. Doch eines sage ich Ihnen, nichts geht über mein Francesinha – ein besseres Männeressen gibt es nicht. Sie müssen es probieren."

Spezialität aus Porto: nur für Männer?

Was essen Männer, was Frauen nicht essen? Kurz denke ich nach, mir fällt nichts ein. In bayerischen Gastwirtschaften scheuen Frauen keineswegs davor zurück, Hirn und Lunge zu essen. Vielleicht Chips mit dem Geschmack von Schafsinnereien? Gibt es so was überhaupt? Und dann auch noch Francesinha, wie kann man ein Männergericht „kleine Französin" nennen? Das nämlich bedeutet dieses portugiesische Wort.

Ich habe das Gefühl, bei Tomás keine Wahl zu haben, und willige ein, das Männeressen zu nehmen, es soll auch an jedem Imbiss im ganzen Land zu kriegen sein, wie mir noch versichert wird.

Kulinarische Hochstapelei

Tomás verschwindet in der Küche, vorsorglich legt er schon drei weiße Toastbrotscheiben bereit, die sicherlich zur passenden Zeit im Schlund seines Kontaktgrills verschwinden werden. Das sieht erst einmal ganz harmlos aus. Auch verdaulich. Doch falsch gedacht. Tomás fängt nun an zu stapeln, nicht tief, sondern hoch. Sehr hoch. Toast, Schweinebraten, irgendeine Wurst, Schmelzkäsescheiben (so viele, dass sie seitlich herunterhängen). Dreimal wird das wiederholt. Bis ein richtiger Berg vor mir erwächst.

Dieser Mount Everest kommt für fünf Minuten in den Ofen, danach in einen tiefen Teller, darüber ein Spiegelei, drumherum eine Menge Pommes frites – und, das ist der Gipfel aller Francesinha-Kunst, eine riesige Kelle voll von einer dickflüssigen Sauce, die wesentlich aus Bier und Tomatenmark und Brühe besteht. Ich bin platt, schon vom Angucken. Bin ich ein Fernfahrer? Isst so etwas auch Fußballstar Cristiano Ronaldo? Das Ganze sieht martialisch mächtig aus – schmeckt aber unglaublich gut. Nach dem, was ich angesichts dieser rötlich-braunen Sauce zuerst dachte, hätte ich einen solchen Genuss nicht erwartet. Ich bin so satt, ich kann an diesem Tag nichts mehr essen. Muss auch nicht sein. Ich weiß jetzt wenigstens, dass ich geschaffen bin für Männeressen, das anscheinend einmal für Französinnen gedacht war. Daraus soll einer schlau werden.

Museumsreifes Barinterieur

Beim Schlendern durch die engen Gassen der Altstadt zu meinem Hotel schaue ich durch die Fensterfronten in viele andere Bars hinein, genehmige mir noch das eine oder andere Glas Rotwein (manchmal aus einem Tetrapak) und staune darüber, was es hier alles an Gerätschaften gibt, die woanders nur in Museen zu finden sind. Alte Registrierkassen, die so aussehen, als müsste man sie noch mit einer Handkurbel bedienen, verschnörkelte Zapfhähne und die unvermeidlichen Kontaktgrills, die aus der Geburtsstunde dieser Konstruktion zu stammen scheinen.

Food-Märkte auf Portugiesisch

Am nächsten Tag habe ich ein anderes Ziel, den Mercado Bom Sucesso im Stadtteil Bom Sucesso, eine alte restaurierte Markthalle, die mir ein wenig zu schick ist – die Burger werden einem in einer Holzkiste zugeschoben, im Fach daneben stecken die Pommes in einer passend gestalteten Tüte. Das hat für mich nichts mehr mit Streetfood zu tun, eher mit einem Szenetreff, bei dem das Gesehenwerden im Vordergrund steht.

Viel besser fühle ich mich im Mercado do Bolhão mitten im Zentrum, in der Rua Fernandez Tomás, einem gigantischen Lebensmittelmarkt mit einem Dach aus dem 19. Jahrhundert. Die Stände sind so voller Waren, dass man die Verkäufer dahinter suchen muss. Neben dem dargebotenen Gemüse, den Früchten, dem Fleisch und dem Fisch entdecke ich dazwischen immer wieder kleine Kochstellen. Die frittierten Fischbällchen schmecken, als hätte man sie eben gerade aus dem Atlantik geangelt. Ein Stücken weiter probiere ich ein Stück Leber – ohne fígado geht hier in Portugal gar nichts –, dazu gibt es karamellisierte Zwiebeln. Zum Schluss meines Rundgangs kann ich nicht widerstehen, so ein kleiner Karamellpudding geht noch. Die Portugiesen lieben Süßes, je süßer, umso besser.

Hafen-Feeling für zu Hause

Porto, diese unglaubliche Stadt, in der alljährlich ein Food Festival stattfindet und die auch die Heimat des Portweins (Exportartikel Nummer eins) ist, zieht mich magisch an. Ich bin hier und will nicht so richtig weg. Ich ahne, dass ich bald wiederkommen werde. Vorerst will ich aber noch runter zum Hafen, um zu sehen, was man dort so auf die Hand bekommt. Der Anblick der Ponte da Arrábida, einer Bogenbrücke aus Stahl und Beton, die den Douro überspannt, ist genial. Auch Fußgänger können 70 Meter über dem Fluss darüberspazieren. Überall werden im Hafengebiet Bifanas angeboten, in Schweineschmalz und Lorbeerblättern superzart gebackene Schnitzel, die zwischen den Deckeln eines Sandwiches liegen. Beliebt sind auch Lanches, Brotsnacks, bei denen Scheiben von geräuchertem Schinken oder Mortadella vor dem Backen mit eingerollt werden. Und Sardinen in allen Varianten. Frische vertilge ich, erstehe aber zudem unzählige Dosen. Alle haben so hübsche Designs – diese Verpackungen hängen heute in meinem Münchner Atelier.

SARDINHAS FRITAS

4 Portionen   **15 Min.** Vorbereitung   **5 Min.** Garzeit

Petiscos heißen die portugiesischen Tapas, zu denen natürlich auch die im Ganzen frittierten kleinen Sardinen gehören, meist mit Zitronenschnitzen, Weißbrot und Weißwein serviert. Die Einwohner von Porto essen die Sardinen gern direkt auf einer Weißbrotscheibe, so saugt das Brot den ganzen Saft auf und wird nach dem Verzehr der Fische gleich mit aufgegessen – bis auf die Brotrinde, sie bleibt auf dem Teller zurück …

Sardinhas fritas:

8 Sardinen (je nach Größe
mehr oder weniger)
Salz, Pfeffer
100 g Mehl
100 ml Olivenöl
2 Zitronen

ZUBEREITUNG

Wer Sardinen gekauft hat, die noch nicht ausgenommen sind, muss es selbst tun: Die Sardinen unter fließendem kaltem Wasser am Bauch vorsichtig aufschneiden und die Innereien sorgfältig herausnehmen. Darauf achten, dass dabei die Gallenblase nicht verletzt wird, sonst werden die Fische ungenießbar.

Die Schuppen gegen den Strich mit dem Messerrücken abstreifen, bis sich die Haut in jede Richtung glatt anfühlt.

Die Fische gründlich waschen und mit Küchenpapier trocken tupfen. Sardinen innen und außen kräftig mit Salz und Pfeffer würzen.

Kurz in Mehl wenden und dann in einer Pfanne in reichlich Olivenöl auf beiden Seiten anbraten, bis die Haut knusprig ist. Die Zitronen in Schnitze schneiden und zu den Sardinen servieren.

MAIS
OPORTONIDADES
MENOS
OPORTONISMO

BIFANAS

2 Portionen   **15 Min.** Vorbereitung   **1 ½ Std.** Garzeit

Für Portugiesen sind Bifanas ungefähr so wichtig wie das Fischbrötchen für den Hamburger nach einer langen Nacht. Bifana ist lange im Knoblauchsud gegartes Schweinefleisch. In Portugal sieht man oft, wie es in großen Töpfen auf Herdplatten in Schaufenstern warm gehalten wird.

Wer eine Bifana bestellt, bekommt ein aufgeschnittenes Brötchen mit einer ordentlichen Portion Fleisch und dazu den Schmorsaft aus dem Topf, der schön knofelt. Dazu passt ein Bier. Eine günstige und sehr leckere Mahlzeit und bei Gelegenheit das perfekte Kateressen.

Bifanas:

1 Zwiebel
2 Knoblauchzehen
1 EL Schweineschmalz
1 Scheibe Bacon
4 dünne Schweineschnitzel
100 ml Weißwein
1 TL Aceto balsamico
2 Lorbeerblätter
Paprikapulver
Salz, Pfeffer
20 ml Brandy
2 Ciabatta-Brötchen

ZUBEREITUNG

Die Zwiebel und den Knoblauch schälen. Die Zwiebel in Scheiben schneiden, den Knoblauch zerdrücken. Das Schmalz und den Bacon in einer Pfanne auslassen, dann den Knoblauch und die Zwiebelscheiben darin anbraten. Die Schnitzel salzen, pfeffern und in der Pfanne mitbraten, bis sie Farbe bekommen.

Mit Weißwein ablöschen. Balsamico und Lorbeerblätter dazugeben und mit Paprikapulver, Salz und Pfeffer würzen. Bei schwacher Hitze zugedeckt 30 bis 60 Minuten köcheln lassen, bis das Fleisch schön weich ist (kommt auf die Dicke an). Es ist mehr ein Garen als ein Braten, doch gerade dadurch zieht der Geschmack ins Fleisch.

Zum Schluss noch mal mit Salz, Pfeffer, Balsamico und dem Brandy abschmecken, falls es zu kräftig schmecken sollte, noch etwas Wasser dazugeben. Wenn die Sauce zu flüssig ist, noch mal aufkochen und offen einkochen lassen. Die Ciabatta-Brötchen aufschneiden und mit je 2 Schnitzeln belegen, den Bratensaft dazugeben.

GAMBAS EM ALHO

4 Portionen   **5 Min.** Vorbereitung   **5 Min.** Garzeit

Die portugiesische Küche ist eine einfache, reichhaltige Volksküche: Gemüse, Reis, Kartoffeln, Fleisch und Fisch kommen zum Beispiel als deftige Eintöpfe oder Reisgerichte auf den Tisch. Afrikanische, brasilianische und chinesische Einflüsse haben sich aufgrund der kolonialen Vergangenheit durchgesetzt, natürlich ist auch die Nähe zur spanischen Küche spürbar.

Portugal liegt bekanntlich am fischreichen Atlantik, deshalb essen Portugiesen besonders gerne und oft Meeresfrüchte — normalerweise nur mit einem Spritzer Zitronensaft und ohne Garnitur.

Dabei hat sich ein so kleines, schlichtes Gericht wie Gambas em Alho (Garnelen in Knoblauchöl) in fast allen Tapas-Bars durchgesetzt, allein, weil es so umwerfend schmeckt. Hierbei unbedingt richtig gutes Olivenöl und frische Gambas verwenden!

Gambas:

500 g rohe Riesengarnelen
(mit Schale)
2 Stiele Petersilie
6 EL Olivenöl
4 Knoblauchzehen
1 Chilischote
Meersalz

ZUBEREITUNG

Die Garnelen in der Schale am Rücken aufschneiden und den Darm auslösen. Waschen und trocken tupfen. Die Petersilie waschen, trocken schütteln und die Blätter grob hacken.

Das Olivenöl in einer Pfanne erhitzen. Den Knoblauch in der Schale grob mit dem Messerrücken zerdrücken und die Chilischote halbieren. Beides in der Pfanne bei mittlerer Hitze 1 Minute braten. Dann die Garnelen dazugeben und bei starker Hitze 2 Minuten von beiden Seiten braten. Mit Salz würzen und die Petersilie darüberstreuen.

Die Garnelen auf vorgewärmten Portionstellern servieren. Dazu passt geröstetes Baguette.

CALDO VERDE

4 Portionen **20 Min.** Vorbereitung **40 Min.** Garzeit

Die „grüne Brühe" ist DAS portugiesische Nationalgericht, eine Suppe aus Kartoffeln und fein geschnittenen Kohlblättern einer ganz besonderen Art, die hier fast nicht zu bekommen ist, und der typisch portugiesischen Schweinswurst Chouriço oder Chorizo. Caldo Verde gibt es an kleinen Imbissbüdchen, auf der Straße und nicht selten als ersten Gang im Restaurant. Sie ist auch ein traditionelles Silvesteressen (nach Mitternacht) und wird meist mit Maisbrot (Broa de milho) serviert. Da diese spezielle großblättrige Grünkohlpflanze, die einem Baum ähnelt und über fünf Meter hoch werden kann, nur in Portugal wächst, muss man hier auf unseren einheimischen Grünkohl oder auf die grünen Blätter der Kohlrabiknolle zurückgreifen.

Caldo verde:

2 Zwiebeln

2 Knoblauchzehen

300 g scharfe Chorizo

2–3 EL Olivenöl

400 g mehligkochende
Kartoffeln

1 Lorbeerblatt

2 Gewürznelken

1,5 l Gemüse- oder Rinderbrühe

250 g Grünkohl

½ TL Salz

Pfeffer

geriebene Muskatnuss

ZUBEREITUNG

Die Zwiebeln und den Knoblauch schälen und klein würfeln. Zwiebeln, Knoblauch und Chorizo kurz bei starker Hitze in 1 EL Olivenöl in einem großen Topf anbraten. Die Würste herausnehmen. Die Kartoffeln schälen, waschen und in 3 cm große Würfel schneiden. Kartoffeln, Lorbeerblatt, Nelken und Brühe in den Topf geben. Die Suppe kurz aufkochen lassen, die Temperatur herunterschalten und alles zugedeckt 40 Minuten köcheln lassen.

In der Zwischenzeit den Kohl putzen und die harten Strünke herausschneiden. Die Blätter waschen und in sehr feine Streifen schneiden. Die Würste in Scheiben schneiden und zur Suppe geben.

Die Suppe mit Salz, Pfeffer und 1 Prise Muskatnuss abschmecken. Die Kartoffeln dürfen beim Kochen vollständig zerfallen und geben der Suppe damit eine Bindung. Jetzt erst die Grünkohlstreifen dazugeben, untermischen und alles noch mal 5 Minuten kochen lassen. Beim Anrichten auf jedem Teller mit einem Löffel einen Kringel aus Olivenöl zeichnen und 1 Scheibe Maisbrot dazu servieren.

FRANCESINHAS

1 Portion   **40 Min.** Vorbereitung   **15 Min.** Garzeit

Die Zutatenliste mutet fast wie ein Scherz an, ist aber tatsächlich eine Spezialität aus Porto: Toast, gefüllt mit Fleisch, Schinken, Wurst, überbacken mit Käse, in einer Tomaten-Senf-Bier-Sauce, dazu eine Handvoll Pommes und obendrauf ein Spiegelei: Die Francesinha ist was für richtige Kerle. Als Beilage werden typischerweise Oliven gereicht.

Wer riesigen Hunger hat, für den ist sie das perfekte Essen. Warum dieses Sandwich übersetzt „kleine Französin" bedeutet, erschließt sich nicht wirklich, denn mit der französischen Küche hat diese Mutter aller Sandwiches nicht viel zu tun.

Francesinha:

200 g Pommes frites
(tiefgekühlt)
½ Zwiebel
1 Tomate
1 EL Butter
2 EL Tomatenmark
200 ml Portwein
2 Lorbeerblätter
½ Würfel Rinderbrühe
1 TL Senf
0,33 l Bier
Chilipulver (nach Belieben)
1 EL Speisestärke
200 g Rindersteak
Salz, Pfeffer
3 Scheiben Toastbrot
2 Scheiben gekochter
Schinken
100 g Chorizo
2 Scheiben Gouda
1 Ei

ZUBEREITUNG

Die Pommes frites im Ofen nach Packungsanweisung backen.

In der Zwischenzeit die Zwiebel schälen und in kleine Würfel schneiden. Die Tomate waschen und klein schneiden. 1 TL Butter in einem Topf erhitzen, die Zwiebel darin anbraten, dann Tomatenmark und die Tomaten kurz mit anrösten. Mit Portwein ablöschen, 200 ml Wasser und die Lorbeerblätter dazugeben. Alles 15 Minuten köcheln lassen.

Den Brühwürfel und den Senf in der Sauce auflösen und das Bier dazugeben. Wer es etwas schärfer mag, kann die Sauce mit Chilipulver würzen. Aufkochen und mit der in wenig kaltem Wasser angerührten Speisestärke andicken. Die Temperatur herunterschalten und die Sauce mit dem Stabmixer pürieren, abschmecken und beiseitestellen, aber nicht auskühlen lassen.

Das Rindersteak längs durchschneiden und kurz anbraten, salzen und pfeffern. 1 Toastscheibe auf ein Backblech legen und mit dem Steak belegen, darauf wieder 1 Scheibe Toastbrot legen, diese mit dem Schinken und der Chorizo belegen, mit 1 Scheibe Toast abschließen. Mit dem Käse belegen. Im Backofen überbacken, bis der Käse zu schmelzen beginnt.

In einer Pfanne in der restlichen Butter ein Spiegelei braten, salzen und pfeffern. Das Toastsandwich mit dem geschmolzenen Käse in einen tiefen Teller geben, das Spiegelei darauflegen.

Die Sauce um das Toast träufeln und die Pommes frites dazugeben. Nach Belieben Oliven auf einem extra Teller dazu servieren.

A MELHOR FRANCESINHA® DO MUNDO

DESDE 2013

JESUITAS

12 Stücke   **20 Min.** Vorbereitung   **20 Min.** Garzeit

Portugiesen lieben Kaffee. Ob morgens oder abends, ob als kleiner Schwarzer „Bica" oder den „Galão" mit einem Schuss Milch. Außerdem gibt es unzählige verschiedene Gebäck- und Kuchenarten – wer einmal in die Fenster der Patisserien geblickt hat, weiß von diesen Verführungen.

Ein Gebäck mit vielsagendem Namen ist Jesuita. Es bedeutet nichts anderes als „Jesus-Gebäck". Man findet es aber nicht nur in Porto, sondern in ganz Portugal. Jesuitas sind aus Blätterteig, dessen Besonderheit durch die Schichtung von Fett- und Teigschichten entsteht. Die Butterschichten wirken wie eine Sperre, sie lassen den Dampf nicht durch und halten ihn in der Teigschicht, bis das Teiggerüst stabil gebacken ist. Das Aufgehen des Teiges entsteht dabei nur durch den im Teig entstehenden Wasserdampf, der nach außen drängt und den Teig aufblättert. Blätterteig selbst herzustellen ist ziemlich aufwendig, deshalb haben wir einen fertigen aus dem Kühlregal verwendet.

Jesuitas:

2 Packungen Blätterteig
(aus dem Kühlregal)
4 Eier
4 EL Zucker
2 TL Zitronensaft
½ TL Zimtpulver

ZUBEREITUNG

Einen Blätterteig auf Backpapier auf einem Backblech auslegen. Die Eier trennen und die Eigelbe mit der Hälfte des Zuckers und dem Zitronensaft schaumig schlagen. Die Masse auf dem Blätterteig verteilen. Nun den zweiten Blätterteig wie einen Deckel auf die Masse legen. Den Backofen auf 200 °C vorheizen.

Die Eiweiße mit dem Rest des Zuckers und mit dem Zimtpulver cremig-fest schlagen und auf das Blätterteig-Sandwich streichen. Im Ofen backen, bis die Jesuitas goldbraun sind. Zum Servieren in Stücke schneiden.

FIGADO DE CEBOLADA

4 Portionen   **20 Min.** Vorbereitung   **15 Min.** Garzeit

Die Portugiesen haben eine Vorliebe für Innereien. Wer für Kutteln nach Porto-Art nicht so viel übrighat, für den ist dieser Leber-Burger ein guter Einstieg. Obwohl sich heute viele Menschen nicht mehr vorstellen können, überhaupt Innereien zu essen, gilt Leber in den meisten Regionen der Welt als Delikatesse. Und auch die Portugiesen kommen bei einer zarten und saftigen Geflügelleber mit leicht cremiger Textur, die mit einem Hauch Knoblauch, Weißwein, Salbei und Balsamico vorsichtig und kurz gegart wurde, ins Schwärmen. Für Figado de Cebolada wird gebratene Kalbsleber mit reichlich Zwiebeln zwischen zwei Brötchenhälften serviert.

Figado de Cebolada:

700 g Kalbsleber
1 l Milch
Mehl zum Bestäuben
1 kg Zwiebeln
4 EL Olivenöl
2 Lorbeerblätter
3–4 EL Butter
4 EL Kalbsfond
2 Brötchen
Meersalz
Pfeffer

ZUBEREITUNG

Die Kalbsleber über Nacht in der Milch einweichen und in den Kühlschrank stellen. Am nächsten Tag die Leber unter kaltem Wasser putzen, dabei vorsichtig die Häutchen und Sehnen entfernen. Die Leber trocken tupfen, in Scheiben schneiden und leicht mit Mehl bestäuben.

Die Zwiebeln schälen und in Ringe schneiden. In einem Topf das Olivenöl erhitzen. Die Zwiebelringe hinzufügen und mit den Lorbeerblättern etwa 10 Minuten zugedeckt dünsten.

Die Leberscheiben in einer Pfanne bei mittlerer Hitze in der Butter anbraten, danach die Hitze herunterschalten. Die Leber muss nun ganz langsam und ohne Zugabe von Salz – weil sie sonst hart wird – gebraten werden. Den Fond dazugießen und alles 5 Minuten schmoren. Die Pfanne vom Herd nehmen, die gebratene Leber zugedeckt ruhen lassen.

Die Brötchen aufschneiden, die Leber in den Hälften verteilen, mit Meersalz und Pfeffer würzen, etwas Bratensaft dazugeben und die Zwiebeln darauflegen.

2 Portionen   **5 Min.** Vorbereitung   **5 Min.** Garzeit

In seiner typisch weichen Aussprache neigt der Portugiese dazu, betonte Silben sehr stark zu betonen, unbetonte Silben hingegen sehr schwach bis hin zum Wegnuscheln – das verändert alles bis zur Unkenntlichkeit. Auf diese Weise sind für den Lernenden selbst Wörter, die er vermeintlich kennt oder aus anderen romanischen Sprachen erraten könnte, sehr schwer zu verstehen.

Portugiesisch richtig auszusprechen ist so unglaublich schwierig, dass es ein großes Glück ist, dass es für einen Schinken-Käse-Toast nur eines einfachen „Tosta mista" oder „Lanche misto" bedarf. Das bekommt man mit Zuhilfenahme von Händen und Füßen noch irgendwie hin. Damit man diesen einfachen und leckeren Snack unkompliziert nachmachen kann, haben wir hier das Rezept für das typisch portugiesische Schinken-Käse-Sandwich „Tosta mista" gewählt, den kann man im Kontakt- oder Sandwichgrill machen oder einfach in einer Pfanne. Der „Lanche misto" auf dem Foto wird mit Teig im Ofen gebacken, besteht in seinem Inneren aber auch aus Schinken und Käse.

Lanche Misto:

4 Scheiben Toastbrot
8 Scheiben Mozzarella
Salz, Pfeffer
4 Scheiben gekochter
Schinken
4 Scheiben Chorizo

ZUBEREITUNG

2 Scheiben Toastbrot mit je 2 Scheiben Mozzarella belegen. Salzen und pfeffern. Darauf kommen je 2 Scheiben Schinken, 2 Scheiben Chorizo und erneut 2 Scheiben Mozzarella, die wieder gesalzen und gepfeffert werden. Mit den restlichen Toastbrotscheiben bedecken.
Die Sandwiches in eine Grillpfanne oder beschichtete Pfanne ohne Fett legen, zusammendrücken und zugedeckt bei schwacher Hitze rösten. Wenden und auf der anderen Seite rösten. Dabei sollte der Käse schmelzen. Darauf achten, dass nichts verbrennt. Die Toastbrote zum Servieren diagonal zerteilen.

BOLINHOS DE BACALHAU

4 Portionen   **40 Min.** Vorbereitung   **3–5 Min.** Garzeit

Bolinhos de Bacalhau sind Appetithäppchen, auch Petiscos genannt: frittierte kleine Bällchen aus Kartoffeln und Kabeljau, gewürzt mit reichlich Knoblauch und Petersilie. Man isst sie warm oder kalt zum Aperitif. Bacalhau ist durch Trocknung haltbar gemachter Fisch – man verwendet vor allem Kabeljau (Dorsch), aber auch Seelachs oder Schellfisch.

Die Zubereitung von echten Stockfischbällchen ist ziemlich zeitintensiv und mühsam. Man muss den getrockneten Fisch 24 Stunden in Wasser einweichen, das Wasser immer wieder wechseln und dann lange kochen, bis das Fleisch einigermaßen weich ist – das ist für empfindliche Nasen eine ziemliche Zumutung. Dann wird das Fleisch von Gräten und Haut abgerubbelt und noch mal gekocht, bis man es verwenden kann. Deshalb haben wir hier eine sanftere Variante gewählt, nämlich Bolinhos aus frischem Kabeljau, die schmecken zwar nicht so intensiv, aber sie sind wesentlich einfacher und schneller herzustellen.

Wer dennoch auf den Urgeschmack von Stockfisch nicht verzichten möchte, der kann das gerne machen – jetzt weiß er ja, wie es geht.

Fischbällchen:

250 g mehligkochende
Kartoffeln
Salz, Pfeffer
geriebene Muskatnuss
2 Eier
½ Bund Petersilie
1 Zwiebel
500 g Stockfisch oder
Kabeljau
Olivenöl zum Frittieren

ZUBEREITUNG

Die Kartoffeln in Salzwasser weich kochen, dann pellen und zerstampfen. Die Kartoffeln lauwarm abkühlen lassen. Mit Salz, Pfeffer und Muskatnuss würzen und mit den Eiern gründlich vermischen.

Die Petersilie waschen, trocken schütteln und die Blätter fein hacken. Die Zwiebel schälen und in kleine Würfel schneiden.

Den Kabeljau zuerst längs in dünne Streifen, dann quer in kleine Würfel schneiden. Petersilie, Zwiebel und Fischwürfel unter den Kartoffelbrei mischen.

Aus dieser Farce mit zwei Esslöffeln kleine Bällchen oder Nocken formen und in heißem Olivenöl goldbraun frittieren. Auf Küchenpapier abtropfen lassen. Nach Belieben einen grünen Salat dazu servieren.

PASTÉIS DE NATA

12 Stück   **30 Min.** Vorbereitung   **12 Min.** Garzeit

Die Geschichte der kleinen Kalorienbömbchen beginnt vor etwa 180 Jahren, als Portugal per Gesetz beschloss, dass Klöster keine weltlichen Geschäfte mehr betreiben dürfen. Doch ein Mönch aus Belém organisierte in der Klosterküche das Rezept der Pastéis und ging damit in die benachbarte Zuckerraffinerie. Zusammen mit den Unmengen von Eigelben, die bei den Nonnen anfielen, weil sie ihre Hauben mit Eiweiß stärkten, wurde daraus die süße, cremige Füllung für das kleine Blätterteiggebäck. Fortan gehörten diese Törtchen zur Alltagskost der Mönche.

Schon bald gingen im Ladenlokal der Raffinerie die ersten Pastéis de Belém über den Kassiertisch. Der Ansturm auf die Cremetörtchen war so groß, dass die Zuckerbäcker beschlossen, die Zubereitung geheim zu halten.

Jedenfalls ist die „Goldreserve Portugals", wie die Puddingteilchen ihrer goldgelben Farbe wegen manchmal auch genannt werden, heute noch, möglichst lauwarm und mit Zimt bestreut, einfach göttlich. Und unser Rezept muss kein Geheimnis bleiben.

Pastéis de Nata:

180 g Zucker
2 EL Speisestärke
8 Eigelb
500 g Sahne
Salz
abgeriebene Schale von
1 Bio-Zitrone
500 g Blätterteig (aus dem Kühlregal)
1 Vanilleschote
Zimtpulver oder Puderzucker

ZUBEREITUNG

Zucker, Speisestärke, Eigelbe, Sahne, 1 Prise Salz und Zitronenschale mit den Quirlen des Handrührgeräts verrühren. In einen Topf geben, vorsichtig unter ständigem Rühren erhitzen, aber auf keinen Fall kochen lassen. So lange rühren und erwärmen, bis die Masse cremig wird. Dann in eine Schüssel geben und auskühlen lassen.

Den Blätterteig ausrollen und Kreise ausschneiden, die so groß sind, dass sie in die Muffinförmchen passen. Die Förmchen mit Teig auslegen und den Teig andrücken.

Die Vanilleschote aufschneiden und das Mark herauskratzen, zu der Eigelbmasse geben und gut unterrühren.

Den Backofen auf 250 °C vorheizen. Die Creme bis 1 cm unter den Rand in die Förmchen füllen und die Törtchen auf der mittleren Schiene im Ofen 10 bis 12 Minuten backen. Sie sind fertig, wenn die Oberfläche karamellisiert und leicht dunkel ist.

Die Pastéis aus dem Ofen nehmen, auf einem Gitter auskühlen lassen und mit Zimt oder Puderzucker bestreut servieren. Passt perfekt zum Espresso am Nachmittag.

NEW YORK

LONDON

ISTANBUL

BERLIN, HAMBURG, MÜNCHEN & CO.

HANOI, SAIGON, BANGKOK & CO.

PORTO

...ld and Exotic
mushroom
Risotto
regular £
large 7
Oil
grana
padano
gese

£5 TAKE
AWAY

PORCHETTA
ROLL

All
Day

LONDON GRUB

Breakfast

TEA &
CAKE

PASTA

Rosie
Lee

MEAT &
2VEG

JACKET
POTATO

LUSTY LASAGNA

Juicy
lamb
chops

MORE ROOM APPLES?